〝問題行動の意味〟にこだわるより〝解決志向〟で行こう

森　俊夫

ほんの森ブックレット

JN268517

ほんの森出版

『〝問題行動の意味〟にこだわるより〝解決志向〟で行こう』──も・く・じ

はじめに

『月刊学校教育相談』誌に、私の連載が鮮烈に(?)デビューしたのが、一九九六年四月号だった。おかげさまで好評を得ることができ、連載は四年間続いた(一年間休んで、また二〇〇一年度から再開となっている)。この連載は、私の人生を大きく展開させたと言っても過言ではないくらい、私自身にも多大な影響を与えた。この連載を始めて以来、それまでも心理療法とコミュニティ援助は専門としてきたわけではあるが、それまであまり馴染みのなかった「教育相談」、そして「スクールカウンセリング」という分野に、私はどっぷりとはまり込んでしまうことになった。今では仕事の七割以上が、それになってしまっている(別に恨んでいるわけではございません)。それもこれも、すべてこの連載のせいであり、佐藤編集長との出会いのせいである(別に恨んでいるわけではございません)。

二年目と三年目の連載分は、編集されて、すでに『先生のためのやさしいブリーフセラピー』として、ほんの森出版から刊行されている。そのときも編集者の方々に申し上げたのだが、「ぜひ一年目の分を盛り込んで欲しい」というのが私の強い希望であり、ただそのときは、内容的・文体的・分量的に一冊の本にまとめるのは難しいとのことで、その話はお流れになった。しかししつこい私はその後も、「一年目の分も本にして欲しい」とごね続け、そこでこの度ようやく「では、一年目の分だけを、ブックレット・スタイルで出しましょう」と言っていただき、めでたくここに発刊と相成ったわけである。

ここまで私が自分の書いたものの出版にこだわるのは珍しい(過去一度もない)が、もちろんその理由は単純に「面白い」からである。私は、自分の書いたものを後で読み返すこと自体あまりない(要するに、書きっぱなし)のだが、たとえ読んでも「つまんねぇの」となることがほとんどであった。でもこの一年目の連載だけは違って、何度も何度も読み返し、その度に（気持ち悪い話ではあるが）自分で書いたものに自分で笑っているのだ。まるで、自分の出演した番組のビデオを見て笑っている明石家さんまと同じである。当時の連載の雰囲気をそのまま残す意味で、本書編集にあたっては、まったくと言ってよいほど連載原稿には手を入れず、そのままの形で本にしていただいた（一年目の連載のタイトルは、「問題行動・症状の〝意味〟を考える」だった）。大変ありがたいことである。

本書の内容としては、「問題」や「症状」をどう捉えるかにからめて、心理療法家やカウンセラーの姿勢（スタンス）に触れている。解決志向アプローチの具体的な記述は、後半に少し出てくるだけで、その前段階の話がほとんどである。でもこの姿勢（スタンス）の部分が、私は最も重要だと考えている。この部分さえきっちり押さえておけば、どうせ心理療法やカウンセリングのやり方などたくさんあるわけだから、なんでも好きなやり方でやっていけばいいし、自分に合ったやり方が実際一番役に立つわけである。しかし、どんな援助の方法論を採用したとしても、それを用いる側の基本的スタンスがトンチンカンな方向に向いていたとすれば、それは援助どころか、むしろ「有害」なものになりかねない。

本書は、『月刊学校教育相談』誌の連載をまとめたものであるから、当然、教育相談に関心をお持ちの学校の先生方を読者層として書かれている。しかし、お読みいただければわかるように、この本は誰にでも読める。また誰にでも読んでいただきたい。一時間もあれば読める本だから。でも何度も繰り返し読んでいただきたい。特に、これからカウンセリングや心理療法を学ぼうとしている若い人たちには、ぜひに。やはり何事も、最初が肝心だから……。

二〇〇一年一月

森　俊夫

[1] 〝意味〟を考える意味

軽い気持ちで……

　軽い気持ちで、この連載をお引き受けしたことを、今更ながらに後悔しています。元来、書くことが苦手だから、というのもそうなのですが、それ以上に……。

　当初、この連載のお話をいただいたときは、東京・市ヶ谷で開かれた日本学校教育相談学会の中央研修会（平成八年一月六日）でお話ししたような、ブリーフセラピー（短期療法）に関するご紹介をすればいい、それならできるかな、なんて安易に考えていたのですが、開けてびっくり玉手箱、執筆依頼書の中には、なんときれいな明朝体で……

〈連載のタイトル〉　問題行動・症状の〝意味〟を考える
〈お願いのねらい〉
……（前略）……「ブリーフサイコセラピーの入門の入門」的内容も少し含めて、「問題行動・症状の理解、意味を考える」という視点でご執筆いただきたく、お願い申し上げます。

なんて、書かれているではありませんか！　コレコレ、オッサンオッサン、人の良さそうな笑顔振りまいてどこ行きまんのや、ちょいとお待ち。話全然違うやおまへんか。ブリーフセラピーのお話でしょ？　それは「少し」ってねえ、ちょっとアンタ……。

　問題行動・症状の〝意味〟を考える？

……え、えーっ!?　めちゃめちゃ大きなテーマでんがな（でんがな!?）。そんなん困るわあ。

それになんですか？　この「意味」という文字の前後に付けられている〞〝マークは？　それこそちょっと「意味ありげ」とちゃう？

だいたいワタシ、臨床するときに問題や症状の〝意味〞なんて考えてやってるんやろか？　考えてるような気もするし、考えてないような気もする。ときには、敢えて〝意味〞など考えないようにしている節すらある。だからといって、別に不自由は感じてない。そのほうが逆にうまくいく場合すらある。重要なテーマであるような気もするし、どうでもいいことのようにも思われる……。

アカン！　十二回の連載は、のっけから大ピンチである。

コミュニケーションとしての問題行動・症状

そこで話をごちゃごちゃに、いえ、整理しながら、ちょいと一息整えましょう。

「問題行動・症状の〝意味〞を考える」という文章は、それこそいろんな意味にとれる表現ですね。それは、主に〝意味〞という単語の意味をどうとるのか、という点にかかっている気がします。したがって、ここに〝〞が被せてあるのは、実はとても的を射た処理。偉い！

たとえば、そのひとつ。

「問題行動や症状はコミュニケーションの一形態であって、つまりその人は、問題行動や症状を通して、何かを誰かに伝えようとしているのである。それらの内に隠されているメッセージとは何か？　そして、重要なことは、周囲の人々がそれらに隠されたメッセージを、きちんと汲み取ってあげることである」

要するに〝意味〞とは、問題行動や症状を通して本人は何を訴えようとしているのか、その意味内容に関することだとするわけです。よろしいですね？　問題行動や症状をひとつのコミュニケーションとして捉えるという考え方については、ご異論ございませんね？

「子どもたちの心の内にある、切なる叫び声を聞け！」というスローガンは、どこに行っても目にします。特に子どもの場合、その子が小さければ小さいほど、その言語化能力は限られてきますから、自分の気持ちや考えをきちんと言葉にして相手に伝えることが難しく、何か不満や欲求、あるいは葛藤などがあってもそれをうまく伝えられず、結局それらが身体化されて（すなわち症状）表現されたり、あるいは（問題）行動を通して表現される場合があることは、よく知られています。

また、それらを言語化するという問題以前に、いったい自分がいま何を感じ、どう思っているのか自体を、自分でモニターできていない場合だって多いでしょう。問題行動や症状の裏側に隠されたメッセージ、つまり、私はいま何を伝えているのか、伝えたいと思っているのか、本人自身もよくわかっていないわけです。

これは子どもに限らず、大人の場合だって同じです。なんだかイライラしているとき、このイライラの症状を通して、「私」が何を他の人々に伝えようとしているのか、自分でもよくわからない場合が多いものです。

言葉や行動が表面上指し示す意味と、そこに隠されたメッセージが食い違う場合、これもまた多いでしょう。

たとえばよくある話で、その子が好きな女の子であればあるほど、からかったり、つらくあたったり、いじめたりする男の子っていますよね。表面的には「お前なんか大嫌いだ」と言っているようでいて、実はそこには「君に恋している」というまったく正反対のメッセージが隠されているわけです。そのことを相手も、本人も、周囲の人も気づいていない。

このように考えていきますと、それら問題行動や症状の裏に隠された「真の」メッセージを「理解」し、明らかにすること、あるいは、問題行動や症状を、本人を含めて、誰にでもわかるような言葉に翻訳し直してあげること、それが援助者の仕事である、というふうに定義できるかもしれません。

ホンマかいな、そうかいな

一見もっともらしいこの説は、はたして本当にそうなのでしょうか？

もちろん、問題行動や症状を通して、本人が何かを訴えようとしている場合はあります。それも、よくあります。「問題行動や症状は、コミュニケーションの一形態である」と言われて、目から鱗が落ちた方、そんな方はまさかこの『月刊学校教育相談』の愛読者の中にはいらっしゃらないとは思いますが、もしも、仮に、万が一いらっしゃったなら、ピッピッピー！　退場です。

赤ちゃんが泣いていて、それをひとつのコミュニケーションだと捉える視点もなく、それを無視して放っておく、あるいは、ただうるさいという理由で赤ちゃんを泣き止ませようと対応する、なんてことは、ちょっと論外の外でしょう。この説は「業界の常識」なのです。

ただ、「常識」であればあるほど、疑ってかかりたくなるのが人情、あるいは私の性。また、疑る価値もあると思いますよ。「常識」とは疑われるためにこそ、この世に存在しているのですから……。

先ほどの文章の中で、もっとも難癖をつけやすいのは、「援助者の仕事は、『真の』メッセージを『理解』し、翻訳し直してあげることです」というくだりです。

ソンナコタア、ナイでしょう⁉

赤ちゃんが泣いていて、それは「ミルクが欲しいのだ」と「理解」だけしてて、どうするんですか⁉　翻訳してどうするんですか⁉　早くミルクあげなさい！

援助者の仕事は、いうまでもなく「援助する」ことです。「理解」は、その「援助する」という行為が実を結んで初めて意義を持つのです。

極論してみましょうか？

「理解」なんてなくたって、あるいは「理解」の仕方が間違ってたって、「援助する」行為さえあればいい。

赤ちゃんが泣いていて、「おむつ替えて欲しいのね」と母親が間違った理解をしたっていいじゃないですか。おむつ開けてみて、なあんにも濡れていなかったら、「あらあら、ミルクかしら」と哺乳瓶を口に含ませてあげればいい。それをペッとかいって吐き出されたら、「じゃあ、ダッコなの？　困ったちゃんねぇ」とあやしてあげる。それで赤ちゃんは健やかな寝息をたてて眠る。

お母さんは、立派に役目を果たしました。確かにちょっとボケてるかもしれないけど、いいお母さんじゃないですか。そして、いい親子関係じゃないですか。考えているばっかりで何もしようとしないお母さんよりも、よほどね。そして、このお母さんは「援助する」行為を通して、正しい「理解」を獲得したわけです。それは、いくら考えていたって、わからなかったことなのです。

裏のメッセージなんてわからない

だいたい問題行動や症状でなくても、普通の生活の中で、普通の人が普通に使う言葉やその行動だって、その裏側にいったいどんな「真の」メッセージが潜んでいるのかを「理解」するなんていうことは、ものすごく難しいことですよね。はっきり言えば、そんなもん、いくら考えたってわかりません。

心理療法などをやっていると、「先生は、人の心が全部お見えになるんでしょうね」なんてよく言われますけれど、そんなことあるわけないじゃないですか！　気持ち悪い。人の「心」がレントゲンみたいにポワーンと見えるんですか？

それに、それって「わかる」ようにならなくちゃいけないことなんですか？　人の言葉や行動の裏のメッセージを読めるようになることって、そんなに大事で素晴らしいことなんですか？

よく皆さんの周りにもいるでしょう。人の言葉や行動の「裏」ばっかり読んでいる嫌なやつが。なあんか一人で「わかった」ふうにしているやつが。そのくせ、人を傷つけても平気でいるやつが。専門用語はよく知っているが、肝心なことは何もしないやつが。心理家さんには結構多いんですけどね。

私自身は、普段の生活の中で、人の言葉や行動の裏のメッセージのことなんか考えたくないと思っています。

「あの人、ニコニコ笑っているけど、腹の底では私を馬鹿にしているんだ」とか、その逆に、「彼女、いつも私にツンツンあたってくるけど、もしかしたら俺に気があんじゃないの」でもいいですけど、そんなことばっかり考えていたら、生きていくの大変じゃないですか。

そして、人の言葉や行動なんてものは、それこそなんの〝深い意味〟もない場合だって多いのです。ちなみに、なんの〝意味〟もないものに対して、何かの〝意味〟を見つけ出し、それを確信してしまうことを、精神医学用語で「妄想」と申します。また、それが確信にまで至らずとも、それらが気になって仕方がないことを「念慮」と申します。

見えるものを見る

要するに、「問題行動・症状はコミュニケーションの一形態である」という大前提、これすら結構怪しいということです。

そういう場合だって確かにあるでしょう。でもそうじゃない、つまりそこには何のメッセージ性もない場合だって、やはりあるでしょう。でも、人間って〝意味〟を求める動物なんですよね、困ったことに。

人とかかわる際に、いくつかやってはいけないことがあると思うのです。それは、〝意味〟の深読みをしてしまうこと、〝意味〟のない所にこちら側の勝手な〝意味〟を付け加えてしまうこと、〝意味〟の「理解」を自分の仕事の「目的」としてしまうことです（先ほど申しましたように、「理解」はひとつの手段であって、「目的」ではありません）。

よく、事が起こった後に、下手な「名探偵」さながら「このことを通じて、この子は、これこれのことを訴えたかったのです」と悦に入って解説している人を見かけます。

評論家なら、いいんです。私は評論家の存在を否定するものではありません。でも私は、現場の人間は評論家になっちゃいけないと思います。母親は母親。やはり実際にミルクをあげてナンボです。

見えるものを見る。見えたものを、なるべくそのまま屁理屈つけないで見る。見えたらすぐに動く。具体的に動く。もしそれで動き方の間違いが見えてきたら、すぐに変える。それを何度も繰り返しているうちに、物事が良い方向に動き出したことが見えてくるかもしれない。そこからようやく、正しい「理解」につながっていくんだと思うんです。

物事が良い方向に動き出したはいいけれど、結局何も「理解」できなかった、なんてこともあるかもしれませんが、まあねえ、それはそれでいいじゃないですか。とにかく「良くなった」のですから。

逆に、見えないはずのものが見えちゃったときこそ、要注意だと思って間違いありません。それは結局、「見えた気になっている」だけのことなんですから。こちらが勝手に〝意味〟付けしているいい証拠なんですから。「仮説」が「妄想」に取って替わられた瞬間なのですから。

ということで、なんとか今月の原稿のマス目は埋められたようです。では、来月は別の〝意味〟について、ちょっと考えてみましょうか。

2 また〝意味〟の意味を考える

先月号から始まった私の連載、どうでもええけど、やっぱり私のとこ、めちゃめちゃ浮いてますねえ。予想していたこととはいえ、こう目の当たりにすると、ホンマにええんかいな、と思ってしまいます。

まあ、前回、編集長に電話して、「これでよろしおまっしゃろか？」と尋ねたら、「どうぞどうぞ。何も問題ありません」と快く言っていただきましたので、今回もこんな調子でいきますけど、どうせ浮くんやったら、いっそのこと、ド派手なイラストでも入れてもろて、レイアウトなんかも崩しまくって、異様なページにしてしまったらええのに……なんて思います。編集長、ご検討よろしく。

〝意味〟の意味

オチャラケはこのくらいにして、普段どおりの真面目な私に戻り（どこがや！）、本題に入りましょう。

前回は、問題行動や症状をひとつのコミュニケーションと捉え、その裏側に隠されているメッセージの「意味内容」を理解していこうとする考え方について、少々イチャモンをつけてみました。

いま私の手元に、三省堂の国語辞典第二版があります。よくやる手ですが、ちょっくらこれで、「意味」を調べてみましょう。

いみ【意味】（名・自他サ）①ことばがもっている内容。

「辞書で——を調べよう」②ことば・おこない・できごとなどについて考えたばあい、その中にふくまれるなかみ。わけ。「人生の——［人生とは何か］を考える」③（するだけの）ねうち。「やっても——がない」④内容としてあらわすこと。「この事件の——するもの」

前回は①について考えてみたわけですね。すなわち、問題行動や症状をひとつの「ことば」として捉え、それがもっている「内容」は何かを考えてみる立場について語ったわけです。ということで、今回は②です。

問題行動や症状の「なかみ」と「わけ」

「ことば・おこない・できごとなどについて考えたばあい、その中にふくまれるなかみ」とは、なんだかよくわからない説明ですが、要するに、①の場合だと「何を言ってるの?」「何が言いたいの?」というふうにして問題行動や症状を見ようとするのに対し、②では、「何が起こっているの?」「なぜ起こっているの?」「どういうふうにして起こっているの?」というふうにして問題行動や症状を見ます、考えます、ということです。まあ言えば、当たり前の見方です。

ここで「なかみ」とは、それらの発生機序や仕組み、あるいはプロセスのことであり、それを考えるということは、必然的に問題行動や症状の「原因」について考えることにもつながっていくでしょう。だからここに「わけ」という訳語もくっついているわけです。

くどいようですが、当たり前の見方です。前回、①の見方は「業界の常識」だと申しましたが、②の見方は「常識」以前の人間の脳の自然な反応とさえいえるかもしれません。

人間がある現象を知覚したときに、「これは何だ?」「どうなっているんだ?」「なぜなんだ?」と考えるのは知的好奇心のゆえでしょうが、これがあるからこそ科学はここまで発展してきたわけです。そして、それは単に好奇心だけの問題ではなく、実際的にも、そこに何かの対策が必要だとなれば、人間はまずその現象の「なかみ」をつかもうとする。それがわからなければ対策も何も出てこないと思うからです。少なくとも偶然による解決以外は……。

こうした「常識」以前の「自然」にイチャモンをつけるというのは、なかなか難儀なことですが、しかし、イチャモンというのは、つける気にさえなれば何にだってつけられるもの。やってみましょうか?

「なかみ」や「わけ」は見方によって変わる

まずひとつここで押さえておきたいことがあります。「なかみ」について考えるといっても、いったいそれをどの観点から見るかによって、「なかみ」は大きく変わって見えるということです。

たとえば、拒食症ひとつ取り上げてみても、その現象を精神医学者が見た場合と、心理学者、社会学者、教育学者、あるいは宗教学者が見た場合では、各々その現象の「なかみ」は全然違ったふうに見えるでしょうし、その「原因」も全然違った所へと帰着するでしょう。

また一概に精神医学、心理学、社会学、教育学、宗教学といっても、各々の中にまた数多くの立場がありますから、その寄って立つ理論によっても、その現象はいろいろと違ったふうに説明されるでしょう。

ひとつの現象に対して、いろんな見方があって、そこでいろいろに説明される。ここで困ることは、どの見方が「正しい」とは言えないことです。みんなある意味で「正しい」。みんな立派な「科学」ですから、すべて厳密な手続きによって、それらの理論や説明は導き出されているのです(はずです)。

科学的立場だけでなく、見る人の価値観、文化的背景の違いによっても、現象の見え方、説明のされ方は変わってくるでしょう。そしてこれも、どれが「正しい」という話ではない。

「いや、違う。真実は常にひとつだ」とおっしゃりたい方もおられるかとは思いますが、残念ながら、その方には「それはあなたの真実ですね」と申し上げるしかありません。

でも、いっぱいの「真実」って困っちゃいますよねえ。

問題行動や症状は、いろいろな原因から起こり、いろいろな仕組みで発生する

とりわけ「こころ」の問題は複雑です。ひとつのきれ

いなモデルによって、その問題行動や症状をとうてい説明しきれるものではありません。また、「こころ」は「見えない」ものですから、そもそも、モデルの正当性を証明することが非常に難しい。

医学の世界は、基本的に「見える」ものに則って、論を立てていきます。顕微鏡が発明されて、細菌やウィルスまでもが「見える」ようになって、医学は大きく進歩しました。

ただ、その当時は、医学にとってある意味で幸せな時代でした。昔の医学モデルは、主に感染症を対象にしておりましたから、とにかくその病気を起こさせる病原菌なりウィルスを発見しさえすればよかった。原因と結果を、きれいな一対一の直線的因果律で考えていた。確かに、これはわかりやすい。

ところが、感染症対策が一段落し、主な対象が高血圧や糖尿病や癌といった成人病に移った現代では、昔のように病気を単因子では説明できなくなってしまいました。遺伝子レベルの話から環境の話、そして生活習慣、ひいては性格のことまで顔を出してきて、それらが複雑に絡み合ってくる。非常に「見え難く」なってしまったのです。

それでもまだ医学というのは、比較的シンプルなモデルを持っているほうです。その医学の中でも話はこれだけ複雑なのですから、そこに心理学、社会学、教育学エトセトラとくると、もう何がなんだかわかりゃしない。

「問題行動・症状は、いろいろな理由から起こり、いろいろな仕方で起こる」

これがおそらく唯一の「正解」です。

「正解」ではありますが、これは何も言っていないのに等しいですから、この「正解」はクソの役（クソさん、ごめんなさい）にも立ちません。

逆に言うと、こうも言えます。

「『この問題行動や症状は、こういう原因からこういうふうにして起こっている』と、たとえどんな言い方をしても、それはすべて『正解』である。同時に『不正解』である」

これもおそらく「真実」だと思いますが、やはりあまり役に立つ「真実」だとは思えません。

だとすると、問題行動や症状の〝意味〟（②の意味）を考えることは、はたして〝意味〟（③の意味）のあることなのでしょうか？

なんだかトッテモ憂鬱な気分になってきました。自分でイチャモンつけといて、自分で憂鬱になっているなんて……。こういうのを「哲学者の憂鬱」って言うんでしょうね（って、ちょっと美化しすぎか）。

「原因」や「仕組み」と「解決」の関係

でも皆さま、ご安心ください。憂鬱になる必要はないかもしれません。

もし本当に、問題行動や症状の「原因」や「仕組み」を解明することが、「解決」を導き出す唯一絶対条件であるならば、我々は憂鬱にならなければいけないわけなんですが……幸いに……事実はそうじゃない！

「うっそ‼」と思われるかもしれないけど、ちょっと身の回りを見渡してゴ覧ナサイ。「原因」や「仕組み」がわかっていないのに、ちゃあんとそれなりに対応できていることなんて、そこら辺にゴロゴロしてません？

例はなんでもいいんですけど、たとえば精神医学の話をしましょうか？

統合失調症は、その原因も仕組みも、あまりわかっていません（いくつかの仮説はあって、そして、それが「脳」の病気であることは間違いない）が、統合失調症の症状を改善するいい薬は、どんどん発見されてきています。てんかんは、仕組みのほうはだいたいわかってきていますが、原因はそれこそ「いろいろ」で、要するにわかっていないのと同じ。しかし、こちらもいい薬はわかっています。躁鬱病には炭酸リチウムが効くことがわかっていますが、なぜリチウムという物質が効くのか（もちろん躁鬱病の原因や仕組みも）わかっていません。

別に精神疾患を持ち出すまでもなく、病気と薬の関係は、歴史を振り返ればすぐにお気づきのように、決して病気の本態がわかったから薬が見つかってきたわけではないのです。薬なんて、西洋医学が発展するずっと前の古代の時代からそれなりにあったのです。「この薬が効くんだから、この病気はこういう病気だろう」なんてふうに、順序が逆になっている場合だってあります。

極論すれば、医学や薬学は「生活の知恵」にもっともらしい「理屈」をつけてきただけなのかもしれません。

「だけ」というのは、もちろん言いすぎです。ですが、医学・薬学上の「発見」はほとんどの場合、偶然によってもたらされてきたのです。これは事実です。

自転車に乗ること

多くの皆さんは、自転車に乗れますよね。
「自転車に乗る」ということは、どういうことですか？
また、どうして乗れるようになったんですか？
そして、どのようにして今、自転車に乗ってらっしゃるんですか？

これらの質問に「正確に」答えられる方は、一人もいらっしゃらないでしょう。でも、皆さん自転車に乗れますよね。自転車に乗れるようになりましたよね。

初めて自転車に乗ったときのことを思い出してください。

おわかりでしょう？

皆さん、「自転車に乗ること」が「わかる」より先に、自転車に「乗れていた」のです。

お父さんが後ろで持ってくれているものと思い込んでいたのに、振り返るとお父さんは遠くでニコニコ笑っていた。このときすでに、一人で「乗れていた」のです。

「自転車に乗ること」が「わかった」から、「乗れた」のではないのです。今だって、「自転車に乗ること」については、なんにも「わかっていない」のですから……。

オットーッ！ 調子こいて喋っていたら、もう指定枚数がきてしまいました。この先は、また来月。飴チャン持ってまた来ますから、どうぞお楽しみに……！

3 「理論」を信じてはいけない

四月号からこの連載が始まり、今回で三回目。早くも、私が息切れせずにこの連載を完走できるかどうか、危ぶむ声が内外から沸き起こっております。実際のところ、一番危ぶんでいるのは……私です。

……ヨイショっと。身繕いを正して、ワープロに向かって、と……今日、なんかネクタイきついなあ……ああ、肩凝っているなあ……腰痛いなあ……うーん、始める前に、まずはたばこを一本、と……どうでもええけど、たばこ減らさなアカンなあ、一日二箱以上吸うもんなあ、最近……（間、首をコキコキ）……パソコン・ゲームしようかなあ。（コラ！　と編集長の声）　はい！（早よ仕事せんか！　締め切り迫っとるぞ）　はい！……（間）……編集長って、頭禿げてたかなあ。（コラ！　なにしょうむないこと考えてんねん！　早く、書かんかい！）　はいはい……（カタカタとワープロを打つ）……編集長、いつの間に関西弁になったんやろう？（ええ加減にせえ！）　失礼しました！

これまでのあらすじ

前回、話が途中で切れてしまいました。話の連続性を保つために、ついでですから今までのところを簡単に復習しましょう。

「問題行動・症状の〝意味〟を考える」というテーマをいただき、まず、これはいったい何を考えることなのか？という疑問から始めたわけです。「意味」とは何か？

第一回では、「意味」を「人が人に伝えているメッセージの内容」という意にとり、「問題行動・症状の裏側にはある種のメッセージが含まれている。したがって、それは何かを考える」とテーマを解釈したわけです。

そこで私は、「問題行動・症状がコミュニケーションの一形態であり、そこには何か本人が周囲に訴えたいメッセージが潜んでいる、という考え方は業界の常識であり、もしそういった見方ができない援助者がいたとしたら、それは論外」と切り捨てた上で、「しかし、なんでもかんでも人の言動の裏を読んでしまうのは良くない」としました。さらに、「援助者の仕事は、単にそのメッセージが何であるのかを解読することではなく、具体的にそれに応えることである」とも述べました。

第二回では、「意味」を「現象の構造やその成立過程」という意にとり、「問題行動・症状がなぜ起こるのか？　どこからどのようにして起こるのか？　ということを考える」とテーマを解釈しました。

そこで私は、「現象の構造を理解しようとする営みは、人類の〝知〟であり、なくてはならないものであるが、押さえておくべきことは、現象の理解は見る角度によってそれぞれ違ってくる。特に〝こころ〟の問題は、単一のモデルによって説明しきれないものである」と述べました。

さらに、「原因や構造の理解と解決の発見は、ダイレクトにつながってはいない」とし、それを精神医学の例などをあげながら紹介し、日常場面においても「自転車に乗る」ということの中で、人は皆そのことを体験しているだろう、という話で前回は終わったわけです（ちょっと高尚にまとめすぎましたか？）。

ある実験

心理療法・家族療法の大家のひとり、ジェイ・ヘイリー氏が、ある講演会で次のような社会心理学的実験の話を紹介しています。

その実験とは、専門家でない被験者に細胞のスライドを何枚も見せ、健康な細胞と病気の細胞を当ててもらい、健康な細胞と病気の細胞を見分けるための理論を構築してもらうというものでした。

被験者は、その領域に関してはまったくの素人ですから、最初はカンで「これは健康」「これは病気」と答えます。そして、その答えが「正しい」か「誤っている」かを実験者に教えてもらうわけです。答えをしばらく聞いていくうちに、被験者は、健康な細胞か病気の細胞か見分けるためのある仮説理論を作り始めました。たとえば「ここにちょっと陰があると病気」とかです。

実は、この実験はまったくのインチキ実験で、被験者に見せられた細胞スライドは、特に病気でもないし健康でもないものばかりだったのです。そして、実験者は、被験者がたとえどのように答えようとも、五回に三回は「正しい」と教えてあげ、五回に二回は「誤っている」と教えてあげたのです。

最初、「ここに陰があると病気」という仮説理論を作り上げた被験者は、それが六十%正解であったためにちょっとした自信を持ちながらも、まだその理論が不完全であることを知り、理論を複雑にしていきます。たとえば「ここに陰があるか、またはここの部分が垂れ下がっていれば病気」というふうにです。それでも六十%の正答率はもちろん変わりません。実験を続けるうちに、理論はさらに複雑になっていきました。

時間がきて、一人目の実験は終わりました。彼は、自分の立てた理論を紙に書くように指示され、次の被験者が部屋に呼ばれます。二人目の被験者は、前の被験者が打ち立てた理論の書かれた紙を渡され、「望むならそれを使い、必要なら修正するように」と告げられます。

新しい被験者も、同じように細胞スライドを見せられ、六十%の確率で「正しい」と言われるので、基本的にはその前の人の理論を信頼しながらも、より正確になるように理論をより緻密に、より複雑にしていきました。

そのより複雑になった理論は、また紙に書かれて三人目の被験者に渡されます。そして三人目の被験者は、その理論をもとに、さらに複雑に修正していくのでした。

四人目になると、手渡された理論は、もうとてつもなく複雑な理論になっていました。それを見て四人目の被験者は「これはひどい」と言って、紙を破り捨ててしまいました。そして一からやり直し、六十%の正答率に基づいた自分なりのもっとシンプルな理論を、自信をもって作り始めました。

延々とこの実験は繰り返されました。ある理論が打ち立てられ、それはどんどん複雑になり、そしてあるとき、それを変革する人間が現れ、もっとシンプルな新しい理論を打ち立て、それは人に引き継がれて、誰かがその理論を捨てるまで、ますます複雑になっていくのでした。

「理論」を信じていけない

ヘイリーは、この実験を紹介しながら、こう述べています。

「私は、すべての科学的試みがこの実験のようであるとは言いません。しかし、このことは心理療法の歴史を述べているように思います」

ヘイリー氏は相当な皮肉屋さんですが、私だったら思わず「すべての科学的試みがこの実験のようである」と口を滑らしてしまいそうです。

六十%程度の正答率や説明率では、たとえば物理学や工学関係だったら、お話になりません。そんな程度で作られた飛行機なんて、とても乗る気にゃなれません。でも社会学関係だったら、ある社会現象の構造があるひとつの理論で六十%も説明されたら、まず万々歳でしょう。

〝こころ〟の分野では、その数字がもっと低くとも、その理論はかなりの評価を受けるでしょう。しかし、何度も言うように〝こころ〟は見えませんから、偉い先生がもっともらしくある理論を語ると、なんだかそれが百%近くを説明しているかのように勘違いする人が周りにたくさん出てきて、ちょっと困ったもんです。

皆さま、心よりご忠告申し上げますが、心理学者の言うことなど、あまり信じてはいけません。もちろん、私の言うことなど、もっと信じてはいけません。「理論」を信じてはいけません。

とりわけ「原因」にこだわってはならない

なぜ問題行動や症状が起こるのか？

「そんなもんわかりません」と言うとひんしゅくを買いますので、「それはね、いろいろなことで起こるのですよ」と答えておきます。

そのくらいでサラっと、この厄介な問題を通り過ぎたとしても、意外に思われるかもしれませんが、臨床上困ることはほとんどありません。なぜなら、前回お話ししたように、「原因や仕組みの解明」と「解決の発見」とは、ダイレクトに結び付いていないからです。臨床家としての私の仕事は、「解決の発見」にあるわけですから、前者のほうはサラッと流しておいても、特に問題はないわけです。

では、どのようにして「解決の発見」を行うのか？

この話を皆さま聞かれたいでしょうが、それはチョットオ預ケ。なんかブーイングの嵐が聞こえてきそうですが、私としてはこの連載をもたせなくてはなりませんので、おいしい話はア・ト・デ。

ただし、ここは重要ですが、医学的にある程度説明できることは、それはきちんと押さえておいたほうがよいです。おそらくそれは「おいたほうがよい」ではなくて、「おいておかなければならない」でしょう。

医学的ということは、つまり、脳神経学上どのような異変が起こったら、それはどのような症状として、あるいは行動上の問題として現れるか、ということです。ですから、もし勉強の時間が少しでもあるのならば、心理学の本などを読むよりは、医学の本を読まれることをぜひお勧めします。

この連載の中でも、もしご要望があれば、そして紙面の都合がつくようならば、その医学的なお話を喜んでさせていただきます。

話を戻しますが、ここでは問題行動や症状の「原因」や「仕組み」を解明することは、実際上あまり意味がないということを申し上げているわけです。それでもまだ、「仕組み」のほうは、考えて意味のあることが時々あるのですが、「原因」のほうは、ほとんど考えて得をすることはありません（医学的なこと以外）。

なぜなら、一つには、「原因」はほとんど「過去」に発生しているからです。仮にそれが「わかった」ところで、今やどうしようもありません。タイムマシンでもない限り、「過去は変えられない」からです。今できることは、せいぜい「責任追及」だけでしょう。しかし、よくご存じのように、「責任追及」しても、問題はいっこうに「解決」しません。

二つ目。仮にその「原因」が今もあるとしても、それは除けないことが多いからです。その「原因」が取り除けるものであって、しかもそれが取り除かれれば問題は解決することが確かである場合にのみ、「原因」探索は援助者として意味のある行為になります。

しかし、これが当てはまる事例は、実際には極めて少ない。「環境が悪い」「家族の対応が悪い」「本人の性格が悪い」「友人が悪い」「担任がいけない」「教育制度がいけない」などと、いくらもっともらしい悪者が見つかったとしても、「環境」も「家族」も「性格」も「友人」も「担任」も「教育制度」も、どれも取り除けません。

「悪者」と名指しされた人（もの）との間に、喧嘩が起こるくらいのことがせいぜいです。そして、援助者は、ただただ無力感に陥っていくのです。

特に意味のある対応ができなくても、「原因」や「仕組み」がわかれば、それだけでもほっとする。そういうことは確かにあるでしょう。オバケが恐いのは、それが何なのかよくわからないから恐いのです。それが「死んだお祖父ちゃんだ」「僕を心配してくれているんだ」とわかれば、恐くなくなるかもしれない。

しかし同時に、たとえばご自分のことで、こんな思いをされたことは、一度や二度ではないでしょう。

「そうか、私が抱えている問題はここが原因なんだ！　これがいけないんだ！　そうなんだ！……でも……だからなんだっていうの？　じゃあ、どうすればいいの？」

拒食症は「成熟拒否」の現象である。幼児期の「対象関係」に問題があった。

そうかもしれません。そうじゃないかもしれません。仮にそうだとして、だから何なの？　じゃあ、どうすればいいの？

「解決」を見つけることと、「原因」を探ることは別次元の問題なのです。「直線的因果律」の考え方にしがみついていてはいけません。発想の転換が必要なのです。

もうひとつ。「原因」を探ることによって、逆にその問題がどんどん大きくなっていくという「副作用」もあるのです。このことは、あとでもう少し詳しくお話ししたいと思っております。

それでは、さようなら。

4 病気をすると得をする?

ちらほらと、おはがきやお電話などで、読者の先生方からのお声を頂戴するようになってまいりました。今のところ、どれもが不肖ワタクシへのあたたかい励ましの声ばかりで、もうただただ感涙にむせぶばかりです。オイオイオイ……(泣いてるんですよ。ツッコンでるんじゃありません)。

北海道のS先生。おはがき、ありがっとお!

「ひょうひょうとした先生の連載、笑いながらも、深く考えさせられることが多く、楽しみにしております。

特に、『拒食症ひとつ取り上げてみても……』では、本校でも医師と連携をとり、同じような経験をしました。どれが『正しい』という世界ではない。…(中略)…

臨床心理士の月刊誌に『アメリカに四十年遅れて導入されたスクールカウンセラー』とありました。アメリカに学ぶことは多くとも、『精神世界』『殺人の多さ』は、まねしたくないと思う私ですが、日本も後を追いかけているのでしょうか。日本には、森先生のような『フーテンの寅さん』がいるんだと信じたいのです」

コラコラ! 誰が渥美清やねん! 誰が腹巻して、前開きのメリヤスシャツに直に背広着とんねん! 睾丸の美少年(あ、失礼、コラ、ワープロ! 違うでしょ!)、厚顔の(それは、アツカマシイ!)、紅顔の美少年(そうそう)に向かって、ええ加減にしなさい! (寅さんで思い出しましたけど、最近、家の奥さん、倍賞千恵子にちょっと似てきてますねん。もうちょっとかわいいですけど、へへへへへ……)。

皆さまのおはがき、待ってまぁーす。励ましのお便りは、それはもう涙ちょちょぎれるほど嬉しいですけど、私はすぐ図に乗るほうなんで、自らを戒めるためにもご批判のほうも、それとご質問などもお待ちしてまぁーす（でも、怒るときは優しく叱ってネ。こう見えて私、めちゃめちゃ気ィ弱いんです……）。

③の意味

しつこい性格の私は、そろそろ皆さんに飽きてこられたかもしれませんが、「〝意味〟の意味を考える」というやつを、もうちょっと続けさせていただくわけでありますす。まだ残ってるやつがあるから、と言っても、おそらく皆さん、とうに忘れてはるんでしょうから、再度、国語辞典にご登場願いましょうね。

いみ【意味】（名・自他サ）①ことばがもっている内容。「辞書で――を調べよう」②ことば・おこない・できごとなどについて考えたばあい、その中にふくまれるなかみ。わけ。「人生の――［人生とは何か］を考える」③（するだけの）ねうち。「やっても――がない」④内容としてあらわすこと。「この事件の――するもの」

①、②は終わって、④はだいたい同じことということでパスして……そうなんです。③の「（するだけの）ねうち」というやつが残ってるんです。ですが…？？？…。問題行動や症状を出す「ねうち」ってなんですか？　もう少し普通に言い換えたら、問題行動や症状は何かの役に立っている、ということなんでしょうけど、そんなことがはたしてあるんでしょうか？？？……。

病気をすると得をする？

実はこれがねぇ、結構あったりするんです。この考え方は、①や②の考え方に比べると、学校の先生方には馴染みの薄いものかもしれませんが、実は臨床心理学の中では、これもかなり「常識」になっている考え方なんです。そして医学の中にも、これと似たような考え方はあります。

臨床心理学では、これを「疾病利得」とか「二次的利得」などと呼んでいます。つまり、「病気になると／病気でいると得をする」ということです。あるいは、「問題行動や症状は、それなりの〝機能〟を持っている」などともいわれます。問題や症状が持続するのは、それがなんらかの役割を持っているからである。なぜなら、そうでなければ持続するわけがない、というのです。

これを医学の言葉に書き換えると、「生体の反応は、(たとえそれが異常・疾病という形をとろうとも) すべては環境への〝適応〟反応である」となります。

医学の言葉はともかくとして、心理学の言葉って、なんかヤラシイですよね。ヤラシイですけど、言われてみると、そういうことは確かにある……でしょ？

遠い昔、まだ先生方が小学生だった頃を思い出してください。風邪をひいたときのことをです。風邪をひいて寝床で休んでいる。熱がある。頭が痛い。喉が痛い。鼻水が垂れる。吐き気がする。お友達に会えない。勉強が遅れる……。風邪をひいて良いことなど何もありません……ん？　ちょっと待って。本当にそう？　違いますよね。ありましたよね。風邪をひいて良かったことが。

なんかそのときだけ、急にお母さんが優しくなったりしてね。いつもガミガミうるさい母親が、急に猫撫で声で「○○クーン、今日は何食べたい？」とか言って、メロン買ってきてくれたりね (私の頃はせいぜいバナナでしたけど、それでも嬉しかったわぁ)。

私なんか小さいときから目立ちたがり屋で、風邪ひいて、遅刻して途中から登校するなんていおうものなら、もう鬼の首取ったような快感を覚えましたね。校門の前に立つ。授業中で静まりかえった校庭、校舎。木洩れ陽が今日はやけにまぶしい。緊張感のある静寂が支配する廊下に、僕の足音がこだまする。まるで学校という舞台が僕のためだけにあるような言いしれぬ快感。ガラッと後ろの戸を開ける。一斉に振り返る級友たち。「どうしたの？　森君。今日はお風邪でしょ？　無理しなくていいのよ」。先生の声も心なしか優しい。そこで「コホッ」と咳を一発可愛くぶちかまして、「あ、大丈夫です」。席につくまで、僕の彼女も心配そうに僕のことを目で追ってくれている……ヤッター!!　もうこれだから、風邪はやめられない！

他にもいろいろありますでしょ？　風邪をひいて良かったことが。だからといって、意図的に風邪ひくことはできないですけどね。意図的なものは「病気」とは言わず、「仮病」って言うんですから。

でも、たとえば、その子が「母の優しさ」を欲しくて、それを得るためには、風邪をひく以外にまったく方法がない、とどこかで思い込んでしまったなら、もしかしたら「無意識的」に三十七度以上の熱をずっと出し続けるかもしれません。大いにありうる話です。そしてこの熱は、もちろん「無意識的」なものですから（人は意識的に三十七度以上の熱を出す方法を知りません）、これは立派な「病気」です。

大人の世界でよく聞く話は、たとえば交通事故後のムチウチ症の話です。交通事故の損害賠償訴訟を起こしている。裁判が続いている間は、決してムチウチ症の痛みはなくならない。なくなってしまうと困ります。裁判に負けますから。だからといって、この「痛み」が「意図的」なものというわけではありません。もし意図的な痛みだったら、それは詐欺です。そしてもちろん、人は意図的に痛みを覚える方法を知りません。ですから、これも立派な「病気」です。

問題行動・症状の〝機能〟について

「病気」の「機能」の話を一番わかりやすくするためには、「家族」の話をすればいいでしょう。

ある夫婦がいて、そこに「問題」（不登校でもアトピーでもなんでも）を抱えた子どもがいる。実は、この夫婦の間には、容易ならざる問題（性格の不一致でも嫁姑の問題でもなんでも）が存在し、実際少し前までは、夫婦喧嘩が絶えなかった。それが、子どもの「問題」の出現によって、夫婦の眼は、子どもに注がれる。そして、夫婦間の葛藤は一時棚上げされる。そのためか、最近は夫婦喧嘩の数もめっきり減ってきたようだ。それでも夫婦の対立関係になることは今でもあって、お互い一触即発の場面も訪れる。しかし、そういう場面になると、きまって子どもが「お腹が痛い」とか「学校に行けない」とか「痒い」とか言い出す。すると夫婦の眼はすぐに子どもに向けられ、そして夫婦間の葛藤は回避される。

まあ、見事に子どもの「問題」が夫婦の葛藤回避のために「機能」していますね。まるでコタツのサーモスタットみたいにです。確かにこれじゃあ、子どもは治れません。へたに治っちゃったら、この家庭はより大変な状況(たとえば離婚とか)に突入するやもしれないからです。

症状の「機能」の話を医学的にするならば、「症状」はすべからく「警告シグナル」あるいは「生体防御反応」として確かに「機能」しています。

ケガをして「血が出る」。これは「ケガをしたぞ」と我々に教えてくれる「警告シグナル」ですし、その部位を元に戻すための「自己防御反応」です。「痛み」は一つの症状ですが、「痛み」という感覚がなくなったら困ります。身体に潜む病理的なものの存在を知ることができなくなってしまいます。風邪による諸症状は、すべて生体の「防御反応」から出てくるものであり、要するに「身体が病原菌と闘ってくれている」証しでもあるわけです。そして風邪自体も、「あなたは今、ちょっと休んだほうがいいのよ」という警告を我々に与えてくれているのかもしれません。

「自然界に不要なものはない」というのは、自然科学のひとつの公理です。

これはちょっと笑い話っぽいんですが、統合失調症というのは遺伝的要素がある程度絡んでくる病気ですが、どうしてそんな遺伝子が受け継がれていくのか？　もしそれが本当に「不要」なものであれば、今述べた「自然界に不要なものはない」という公理に反してしまうことになる。それはおかしい。きっと何かそこに意味があるはずだ、とある学者は考えたんですね。そこで彼は思い付きました。

「なぜ人類は氷河期を乗り越えられたのか？　多くの類人猿たちは、ある〝常識的な〟行動をとり、そして寒さに凍えて死んでいった。しかしなかには〝普通でない〟発想のもと、〝普通でない〟行動を取る者がおり、そして彼らは見事に氷河期を生き抜いた。もし、すべての者が同一発想で、同一の行動を取っていたら、人類はすでに滅亡していただろう」

これが統合失調症の遺伝子が残されている「意味」であり、人類における「機能」だというわけです。まあ、本当かどうかは知りませんが、ひとつの考え方ではあります。

この考えは結構役に立つ

いつもの私ですと、ここでこの考え方にイチャモンをつける段に突入するわけですが、この③の考え方は結構有力でして、そう簡単にはイチャモンもつけづらいです。

また、実際の対応を考える上でも、この考え方はいろいろなヒントを我々に与えてくれる場合もあります。

ミステリー小説の常套文句に「この事件によって、最も得をするやつが犯人だ」という言葉がありますように、「この問題行動・症状によって、どんな利益を彼／彼女／周囲の人々は得るのか？」と考えることによって、その原因や仕組みが理解しやすい場合があります。

そして、その「利益」の中身がわかれば、同じ「利益」を、問題行動・症状を通してではなく、何か別のものによって得られるようにしてあげる。その別のものとは何かを考えてみると、その中から、解決に向かう良い方法が見つけ出せるかもしれません。

また、医学の例を用いてお話しした症状の「機能」、すなわち「警告シグナル」として問題行動や症状を見る見方は大変重要です。先月号の本誌の特集は、「子どものサインを見逃さない」でしたが、これは本当に大切なことです。

これだけは断固として申し上げましょう。「観察力」の不足している援助者は、それだけで援助者として失格である！

「見落とす」という行為は、大きく二つのことから出てきます。

一つは、「もともと見えていない（キャッチできていない）」場合。観察力は「才能」というより、「努力」や「訓練」の問題ですから、多くのものをキャッチできるように日頃から訓練すべきですし、何のどこを見ればよいのか、知識を蓄えていくべきです。また情報ネットワークをしっかり築き上げておくべきです。

もう一つは、「見えているのに、そこに何か変な意味付けをしてしまって、見えたものを捨ててしまう」場合。「何か変な意味付け」の中には、「大丈夫でしょう」とか「病気だなんて思ったら相手に悪い」とか「かかわり合いになるのは避けたい」というものが含まれるでしょう。最初のは過度の楽観主義か無知、二番目は病気に対する偏見か過度の恐怖、三番目は不熱心か無責任か逃避です。いずれも駆逐されなくてはなりません。

このように③の考え方は捨てたものではありません。でも、しかし、バット、ハウエバー……（続く）

5 問題行動・症状は治したらアカン？

でも、しかし、バット、ハウエバー……

と、こうきたわけです。

さあーて、ここでいよいよお待ちかねの、森クンのイチャモーン・タイム‼

その根性がヤラシイ

だいたいですねぇ、いいですか、「病気になってコイツなんか得しとんとちゃうか」とか「病気を使って、物事を自分の思いどおりに進めようとしとるんとちゃうか」なんて、そんな目で患者さんのことを見ること自体、その根性がヤラシイ！　ねじ曲がっとる！　愛のかけらもない！　人間やない！

そうでしょう？　症状によって、あるいはその問題行動・症状は、(今回はツカミのギャグを省略して、いきなり……)

でも、しかし、バット、ハウエバー！

なにが「でも、しかし、バット、ハウエバー」かというと、前回、③の考え方、つまり〝意味〟の意味を「(するだけの)ねうち」ととって、「問題行動・症状は出すだけのねうちがある」、すなわち「問題行動・症状を出すと得をすることがある」、あるいは「問題行動・症状は、それなりの機能を持っている」という考え方について紹介したわけですが、こう考えることによって、問題行動・症状の原因や仕組みが理解しやすくなる場合があること、さらに、実際の対応を考える上でも、この考え方の中から様々なヒントを得ることができること、だから、この③の考え方は決して捨てたものではなーい！　ということ……。

動によって、本人はひどく苦しんでいるわけです。それを「コイツ得しとんとちゃうか？」とはなんちゅうこと！

もちろんそれは「意識的」なものではない。だから「わざと」症状を出しているわけではない。それは「無意識」の働きである。だから、私たちはその人を悪者扱いしているわけではない、と心理学者はおっしゃる。

ナニィー！　なにヌカシテ、ケツカンネン!!（まあまあ抑えて…）。「無意識」ちゅうたら、いわばその人の「地」みたいなもんとちゃうんかい!?　そしたらなにかい。ワレは、その人の「地」がヒン曲がっとるいうんかい！　よけい悪いやないかい！（ダウンタウンの浜チャンみたいな口調になってきた）

いいですか、読者の先生方。臨床心理学に諸々流派ございますが、この③の見方は流派の壁を乗り越えて、あまねく広く浸透している見方ですから、そのカウンセラーがたとえ何派であろうとも、いくら「受容の達人」のような、仏さんみたいな顔してても、裏では実はこーんなこと考えているんですから、騙されたらアキマヘンで。

だいたいカウンセリング学に登場する「受容」「共感」といった美辞麗句は、カウンセラーのこうしたネジ曲がったものの見方のバランスを保つために強調されている場合が多いんですから。放っておいたら、こういう目でしかクライエントや患者さんのことを見れないから、それを戒めるために、これらの言葉を強調するんです。でけへんから、普段してないから、強調するんです。

心理カウンセラーがクライエントの本当の「味方」かというと、これはかなり怪しい。逆に、たまーに本気でクライエントの子どもたちに「共感」できて、「味方」になれたときなんぞは、それこそ鬼の首取ったみたいに興奮しはります。そして多く「私だけが、この子を理解している」と思い込みはるんですね。「それに比べて、この子の親や親戚は、学校の先生や病院の医者たちは、なんと無知で無理解で非情な人間か！」と、ますます興奮しはるんです。

そんなふうにカウンセラーから怒られたことのある先生、いらっしゃるでしょ？　親御さんも、よく心理カウンセラーから「両親のかかわり方が良くない！」とかいって叱られて帰って来るみたいですね。

何なんでしょうね、これは。「ある人の『味方』になりたいときの最も手っとり早い方法は、まず共通の『敵』

を作り上げることである」ということなんでしょうか？

そんなこと言われても

同じことでも、「問題行動・症状にはそれなりの機能がある」という言い方をすれば、「疾病利得」なんて言葉よりも、それはずっとマイルドな言葉の響きになりますし、これなら一面の「真実」を突いていなくもない。そして、前回申し上げたように、問題行動・症状の「警告シグナル」としての「機能」は、見落とされてはいけないものすごく大事な「機能」であるわけで、これはイチャモンをつける筋合いのものでもない。

……でもね、そう言われてしまうと、私……とっても困っちゃう……ボク、泣いちゃいそう……だって……

「そんなこと言うたら、ボクら治療者は、商売あがったりでんがな……」

問題行動・症状は何かの役に立っている大事なものである、と言ってしまったら、治したらアカンことになってしまう。治すのが商売の私らは、いったいどうすればいいの？　そして、実際治している私らは、実は、とってもとってもイケナイことをしてしまっているのね……。

それぁ、イケナイことかもしれないけど、実際に「治してください」「治りたいんです」という人が来て、その人らを前に、「いやあ、コレコレこういうわけで、治すわけにはいかへんのです」言うても、納得してもらわれへんでしょう？　「カクカクしかじかのことで困っております。治してください。治りたいんです」と言われれば、「そうでっかぁ。そら大変でんなぁ。ほなら、私もひとはだ脱ぎまひょかぁ」とまあ、男の子だったら（男の子でなくとも）普通こうなりますわなぁ。

〝臨床心理学者〟の歪んだ目と誤解

ええい！　こうなったらもう、開き直るしかない！　怒ったぞ、ワシは！　治りたい言うもん治して、なにが悪いねん！　「治したらアカン」なんちゅうのは、ちゃんと治せへんやつが言うことやろ！　へ理屈こねて、自分の無能さを正当化しとるだけちゃうんかい！　くやしかったら、ちゃんと治してみぃ！

……（シーン）……

……し、しもた。思わず本音言うてもうた……!!……

あああ……違います、違います、本音と違います。口から出任せの戯言、戯言でございますぅ！　ご勘弁を、どうぞ、ご、ご、ご勘弁をぉぉぉ……。

……（シーン）……

……フフフフ……フフフフ　ハハハハハ……そうや、本音や。本音のどこが悪いねん。

皆さん、教えてあげましょう。ある種の臨床心理学の中で、まことしやかに言われていることを。

「その具体的な問題行動や症状をターゲットにして治療を行ってはならない。それらは彼らの生活の中で、ある種の機能を担っているのであり、したがって、治療者が彼らの手の中からそれらを奪い取ると、彼らはすぐにまた別の問題行動や症状を持ち出してくるであろう（これを『症状移動』という）。治療者の仕事は、今ある具体的な問題行動や症状ではなく、その『深層』に潜んでいる『根本的』な問題へと彼らを導いていくことである」

こういうふうに教えられているものだから、相談室に行っても、カウンセラーや臨床心理士は、今ある問題や症状がどうすれば解決するのかについて、何も教えてはくれないのです。

私、これってメチャクチャな話やと思うんですけど。

『深層』の『根本的』な問題」って、ナニ？

誰がどうやって決めるの、そんなこと？

彼らは、「深く」「根本的」に問題があるわけなの？

そこに気付かない限り、彼らは永遠にいろいろな症状を持ち出してくるわけなの？

彼らを、そういう目で見ているわけなのね？

「症状移動」のことだけを取り上げれば、確かに、そうなる可能性を感じさせる患者さんというのはいます。ただ、症状移動といっても、どんどん悪い方向に症状が移動していくものと、良い方向に移動にしていくものと二つあるんです。良い方向に移動していくのであれば、これは別にいいですよね。どうぞどうぞ症状移動してください。また、どんどん厄介な方向に行きそうな場合でも、最初にその「見立て」さえちゃんとできていれば、やりようはいろいろとあるもんです。

私がここで指摘したいのは、症状移動を起こす患者さんというのは、患者さん全体から見れば、実は少数派であるということなんです。少数派に対することを全体に適用している、ここに従来の臨床心理学の大きな誤りがあるのです。

臨床家の「逃げ」

もし治療者が「治し方（問題解決の方法）」を知っているにもかかわらず、「問題行動・症状には機能がある」からと、それをしないのであれば、私はその治療者に「あなたは商売替えをしなさい」と言うでしょう。

治療者の仕事は、治療することです。それを何かの理屈でしない、したくないというのであれば、別の仕事をすればいい。看板を変えなさい。あなたが別に「治療者」でなくたって、世の中なにも困りません。

これをすると治る／解決するかもしれないが、「副作用」があるから勧めにくい、という場合はあるでしょう。それなら、それはきちんとインフォームド・コンセントを行って、患者さんやクライエントの意思と選択に委ねるべき問題です。

でもおそらくカウンセラーや臨床心理の人たちの中に、「私は治し方／問題解決の方法を知っています」と言う人は、ほとんどいないでしょう（いたらいたで、今度はカルト的な変な人だったりして困ったもんです）。

もし「治し方を知らない」のであれば、「問題行動や症状には機能があるから、治してはいけない」などという変な理屈をこねてはいけない。それは自己欺瞞です。そんな理屈で自分をごまかすのではなく、治せる治療者になるように、一にも二にも勉強あるのみです。

これだけは言わせてもらいます。「治らない患者」なんていません。「治せない治療者」がいるだけです。「治らない」ことを、患者の責任にするなんて、もってのほかです。

「問題行動・症状は、それなりの機能を持っている」という言葉が、今申し上げたような臨床家の「逃げ」の言葉に使われている場合が、あまりにも多すぎるのです。

必ずしも問題行動・症状に「機能」があるわけではない

そして、症状機能説は一面真実かもしれませんが、でも、決して全幅の信頼をおけるようなものではありません。

そういう場合もあるでしょう。そうじゃない場合もあるでしょう。

だいたい前回申し上げた自然科学上の公理、「自然界に不要なものはない」ということ自体怪しい。だって、「自然」を見ていて、私はそんなふうに思わないもの。

「自然」て、そんなに機能主義に支配されてます？

最もその環境に「機能」するように生物は進化してきてます？　もし仮にそうだとしたら、ある海域に棲む生物は、みんな同じような格好してなきゃ嘘じゃないですか。でも、そんなことないですよね。みんな好き勝手な格好してますよね。葉緑素は太陽光線を生体エネルギーへと変えてくれます。こんな「機能的」なものはない。メシ食わんでもいい。じゃあ、なんで人間には葉緑素がないの？　保護色は敵から身を守るためのものだ。じゃあ、なんでみんな保護色にならないの？

「キリンさん、キリンさん、どうして、お首が長ーいのぉ？」。それはね、高い木の葉っぱを食べやすいようにだよ。低い木もあるのに、なんでわざわざ首伸ばして、高い木の葉っぱ食べなアカンの？　そんな長い首では、水飲むのも大変でしょ。そんなの「機能」の話じゃなくて、「趣味」の話でしょ。高い木の葉っぱを食べるために、首が伸びたの？　首が長いから、高い木の葉っぱを食べるの？　キリンさんの立場はいいとしても、じゃあ葉っぱさんの立場はどうなるの？　高い木はキリンさんに食べられるからといって、低くなったの？

イチャモンなんて、いくらでもつけられます。

百歩譲って、「症状」に「機能」があるとしましょう。確かに発症した当時は、その「症状」は何かの「機能」を持っていたのかもしれない。しかし、時が経つにつれ、当初持っていた症状の「機能的意味」がしだいに薄れ始め、最後にはただ形骸化した「症状」だけが残る。そう「タコ」のようにです。あるいは単なる「癖」のようにです。習慣化した無意味な、無機能のパターンとしてだけの「症状」です。いつもあるから、きっと明日もあるだろうというような「症状」です。

というふうにも考えられませんか？　そして実際、私が目にする「症状」の大半は、この種の無機能な、患者さんの言葉どおりの「単なる邪魔もの」としての「症状」なのです。

[6] 付けられた〝意味〟

お暑うございます。

いかがお過ごしでしょうか？

本来なら、私もこんなところで原稿なぞ書いていないで、さっさと避暑地に、愛する家族と一緒に避難したいところではございますが、お仕事はお仕事。せいぜい気張ってやらせていただきます。

しばらくの間、皆さまも、どうぞお付き合いくださいませませ、チンチロリン。

復習とお詫び

さて、前回でようやくこの連載のタイトル「問題行動・症状の〝意味〟を考える」の意味を考えていきましょう、という一連の作業が終わりました。もう一度、復習しておきますと、ここでは〝意味〟という言葉が持つ意味を三つ抽き出し、そのひとつひとつをタイトルに当てはめて考えてきたわけです。

すなわち、

① 〝意味〟を、コミュニケーション上の「意味内容」ととる。

そうすると、問題行動・症状は、コミュニケーションの一形態として捉えられるようになり、タイトルは「患者は、問題行動・症状を通して、何かを周りの人々に伝えようとしているのであるから、そこで発信されているメッセージとは何か、ということを把握すること」と理解される。

② 〝意味〟を、「ものごとの中身・仕組み、わけ」ととる。

そうすると、このタイトルは、「問題行動・症状の発生機序、原因を解明していくこと」と理解される。

③ 〝意味〟を、「値うち、役割」ととる。

そうすると、問題行動・症状には、ある種の機能が含まれているという考え方が前提となり、タイトルは「症状の機能を考える」という意味に解される。

ここでは、それぞれのものの見方について簡単にご説明申し上げながら、まずそれらを支持し、そして次にイチャモンをつけて参りました。したがって、今まで五回の連載の中で、私は矛盾したことをたくさん述べたと思います。だから、私が何を言いたいのか、どう考えているのかということが、ちゃんと全部をお読みになっている読者の方であればあるほど、ますますわからなくなってしまっていらっしゃることでしょう。

また、イチャモンの部分では、かなり過激な発言もあったと思いますから、なかには手を叩いて喜んでくださった方もいらっしゃるでしょうが、気分を害された方もきっといらっしゃるだろうと思います。それらの方々には、あらためてここでお詫び申し上げます。傷つけることは、私の本意ではありません。

なんだかんだと今までいろいろなことを申し上げてきましたのは、それらを通じて、私が一貫して申し上げたかったことがあったからです。それは、きわめて単純なことです。

〝意味〟は、なんとでも付けられる

ということでした。ここでいろんな矛盾したことを申し上げたのは、それを実際にやってお目にかけた、というだけのことだったのです。

そのことが皆さまにおわかりいただけたとするならば、今まで五回の私の記述は成功だったということです。

さて、そのことがおわかりいただけたとして、さらに論を進めていきたいと思います。

次の言葉は、

〝意味〟はそこに在るものではなく、付けるものである

です。

なんとでも〝意味〟を付けられるということは、そもそも「実体／真実」というものを仮定できるのか、という問題につながります。「こころ」は「見えない」し、「こころ」の問題は個別性が高く、再現性が低いから余計厄介です。

それに比べれば、物理学はなんと幸福な学問か、とうらやましく思われるかもしれません。それは観察可能であり、再現性が高く、だから「実体／真実」を証明しやすい、と。残念ながら、物理学も今や、大変「不幸」な時代に突入しています。幸福だったのは、ニュートン力学の時代までです。今や「時間」や「空間」や「質量」までもが、相対性理論のもとで相対化され、変化する不確実なものになってしまいました。そして、素粒子は「見えない」ものになってしまいました。

ここでもやはり「実体／真実」の証明は脅かされています。ニュートンもやはり、なにかの「実体／真実」を「見つけた」のではなく、そこにニュートンなりの〝意味〟を付けたにすぎなかったことを、我々現代人は知ってしまったのです。

誰が〝意味〟を付けるのか？

もちろんそれは、

ヒトが〝意味〟を付ける

のです。

ただ、この表現は、まだ正確ではありません。あるヒトが、一人で勝手な〝意味〟を付けたとしても、その〝意味〟が他の誰とも共有されなかったとしたら、そのヒトの言っていることは、「無意味」とされてしまうのです。

したがって、より正確な表現は、

〝意味〟は、ヒトとヒトとの間で付けられる

です。

地動説だって、別にコペルニクスが初めて言い出したことではありません。ギリシア時代から地動説を唱えていた人がいました。ただ当時はそれが「無意味」だったにすぎません。コペルニクスの時代になって初めて、ヒトとヒトとの間で〝意味〟を持つようになっただけのことです。

（だいたい「運動」というものは相対的なものであって、どっちを止めて、どっちを動かしたって、どっちでもいいのです。だから、天動説も論理的には何も破綻していい

ない。ヒトビトがどちらに〝意味〟を見い出したかの問題にすぎません）

〝意味〟はヒトが付けるものであって、しかもそれがヒトの「中」にあるものならまだしも、ヒトとヒトとの「間」にあるものだとしたら、これはますます不安定な、怪しげな、不確実な、おぼろげなものになってくるのです。

ここでは敢えて、「問題行動」とはなにか？「症状」とはなにか？ から話を始めるという体裁をとりませんでした。

この二つの言葉の定義を与えるということは、もちろんきわめて大切な作業です。しかし「定義する」ことも、〝意味〟を与える行為のひとつなのですから、まず「〝意味〟とはなにか」を考えたいと思ったのです。

〝意味〟とは、ヒトとヒトとの間で「与えられる」ものであり、なんら「実体」を表すものではない

したがって、多くの「問題行動」や「症状」も、それはなんら「実体」を持つものではなく、「これが問題行動だ」「これが症状だ」と、そのヒトビトの中で認識された時点で、「問題行動」となり「症状」となる、ということになります。だから定義は、「なんでもいい」「なんとでも定義できる」わけです。

「学校ぎらい」を理由として年度間に三十日以上欠席した長欠児童、これを「不登校児」だと呼ぶのならば、これが「不登校児」です。

ここで「実体」としてあるものは、「その子が三十日以上欠席した」という事実のみであり、それ以上のことはすべて、誰かが勝手に付けた〝意味〟なのです。

『「学校ぎらい」がその理由だ』というのは、誰かの付けた〝意味〟でしょう。さらに『「学校ぎらい」になったその理由』となると、もう付けられた〝意味〟以外の何物でもありません。

また、「実体」は「いついつ彼は授業を欠席した」ということのみであって、「彼は授業に出られなかったのだ」とか「彼は授業に出たくなかったのだ」となると、これも付けられた〝意味〟です。

もちろん、三十日以上「学校ぎらい」で欠席しても「不登校児」という〝意味〟を与えなくてもかまいません。逆に一日休んだだけで、「この子は不登校児だ」と呼んでもかまいません。

どちらにせよ、「不登校児」などというのは「実体」のない単なる「言葉」なのですから。あるのは、「その子が、その日（いつからいつまで）、学校を休んだ」ということだけです。

「不登校」という現象がいつから日本で始まったのか、皆さまご存じでしょうか？

答えは、「不登校」という言葉ができた時からです。「不登校」という言葉ができるまで、この世の中に「不登校児」など一人もいなかったのです。「欠席した」生徒はいたでしょう。でも「不登校児」はいなかったのです。言葉がなかったということは、それが「問題」として扱われていなかったということです。それはそうでしょう。昔は、学校に行くことのほうが珍しかったのですから。

「不登校」という「問題行動」は、「不登校」という言葉の出現によってこの世に出現したのです。それは多くの他の「問題行動」についても同じです。それが「問題行動」だと〝意味〟付けられた瞬間に、それは「問題行動」になるのです。「症状」も似たりよったりです。

ここで大事な標語を紹介しましょう。

「問題」は「作られる」

多く「問題」や「症状」は、そこに在るのではありません。そう呼ばれるだけのことであって、そして多く、それらは言葉などによって「作られる」のです。

ある娘とその母親が二人で夕食を食べていました。その母親は、大変観察力の優れた母親であり（このこと自体は「問題」ではない）、その日、娘の様子がいつもと少し違うことに気付きました、いつもその娘は、一分間に百二十回咀嚼運動をするのですが、この日は一分間に九十回しかしないのです。心配になった母親は、思わず娘に聞きました。

「どうしたの？　食欲ないの？　どこか具合いでも悪い？　熱っぽい？　食べられないようなら、無理に食べなくてもいいわよ。吐き気がするようなら……」

そう言われてみると、なんだか胃の辺りがムカムカすることに、娘は気付きました。

「そうね、ちょっとムカムカするみたい。熱はないようだけど……」

「どうしたのかしらねぇ。病気だったら大変ねぇ。検査してもらったほうがいいかしら。それともストレスかしら。なにか学校であったの？　友達となにかあった？　あるいは先生からなにか言われた？。それとも、やっぱり受験が近づいてきたからかしらねぇ。来週もテストでしょう？　これからテストが続くわねぇ」

確かに、次のテストの準備がまだできていない。それに彼女はもう、中学三年生である。

「だからと言って、今からそんなに緊張してたんじゃ、これから先、大変よ。これからまだ何年も、受験生活は続くんだし、体調には気をつけていないと。ゲーゲー吐きながらじゃ、テストどころじゃないから。あなたは小さいときから、結構神経質なところがあったからね。細かいことを気にしすぎちゃって、肝心のところで失敗するんだから。あのときもそうだったでしょう……」

母親が延々話し続けている間、彼女は強い吐き気を催し、トイレに駆け込みました。最初はただ、ぼーっと今日学校であったことなどを思い出していただけのことだったのが、今では「本当の」吐き気に悩み始めたのです。

母親の観察は正しかったのです。本当にその日は、一分間に九十回の頻度でしか咀嚼していなかったのです。

その「事実」に対して、母親は次々と〝意味〟を与えていきました。「食欲がない」「具合いが悪い」「吐き気がする」。母親もそんなにトンチンカンなことを言っているわけではなく、したがって、その〝意味〟は娘との間で共有され始めました。「そういえば胃がムカムカする」。

さらに原因について、母親は〝意味〟付けを開始しました。「ストレス」「学校のこと」「受験」「来週のテスト」。これも間違ってはいません。ストレスのない人間などいません。学校のストレスもあるでしょう。来週、テストがあることも事実です。したがって、原因に関するこの〝意味〟付けも、娘との間で共有され始めます。

さらに母親は娘の性格を〝意味〟付けします。「神経質である」「プレッシャーに弱い」「失敗する子」。それも実際の例をあげて……。証拠は揃いました。そして、〝意味〟は「本物」になったのです。

なかったはずの「問題」が、今こうして見事に「作られた」のです。

7 都合のよい〝意味〟

もう街角には、秋風が吹いています（でしょうか？）。秋は、なんと言っても思索の秋（のはず）。

この連載も、オチャラケから始まって、今は高度に哲学的な部分に突入しておりますが、それもまた、思索の秋にはふさわしい（はず）。チビリチビリと一杯やりながら、しばし哲学の世界をお楽しみくださいませ。

〝意味〟は、人と人の間で「付けられる」「与えられる」ものであるということを、しっかりと頭の中に叩き込んでおかなくてはなりません。

したがって、「私は（私たちは）、～の〝意味〟を『発見』した」というのは、明らかに誤った表現です。「発見」というのは、あらかじめそこに何かがあって、それを見つけ出すことを言うのでしょうが、〝意味〟は、決してそこに「ある」ものではないからです。何度も繰り返して申しますが、〝意味〟とは、こちらが「与える」ものなのです。「与えている」ものと「ある」ものとの区別、これは心理的なことにかかわる立場であればあるほど、とても大事な問題になってきます。

「不登校児」は「いない」

「不登校児」などという子どもはいません。また、「不登校」という「器質的疾患」もありません。「不登校」というのは、「与えられた意味」だからです。「不登校」と呼べば不登校になり、「不登校」と呼ばなければ不登校にはならないのです。

また、「学校に行けない子」もいません。たとえ今学校を休んでいたとしても、その子が「学校に行けない子」であるわけではないのです。

「いじめられっ子」などという子どもはいません。「いじめられっ子」は簡単に「いじめっ子」になりますし、その子が「いじめられっ子」でも「いじめっ子」でもないときもたくさんあるわけです。そしてもちろん、「いじめられっ子病」などという「器質的疾患」はありません。これもまた「与えられた意味」です。

その他の多くの「問題行動」も、「問題児」という言葉も、「与えられた意味」です。授業中走り回っている子どもに対し、「落ち着きのない子」とか「集中力のない子」とか「授業を妨害する子」という〝意味〟を与えることもできます。しかし同時に、その子に「活発な子」とか「夢中になる子」「みんなを引っ張っていける子」などの〝意味〟を与えることもできるでしょう。

しかし「自閉症」という障害はあります。「てんかん」という障害はあります。「統合失調症」という障害はあります。したがって、こうした障害を「発見」するというのならば、これはそれほど間違った言葉の使い方ではありません。そして、こうした障害を早期発見し、適切な対応をしていくことは大切なことであり、それは障害の予後に大きな影響を与えるでしょう。

しかし、「統合失調症者」=「問題生徒」ではありませんし、「統合失調症者」=「変な人」ではありません。「統合失調症者」=「危険な人」ではありません。「統合失調症」=「不治の病」ではありません。=の後の言葉はすべて「与えられた意味」です。「統合失調症」というのは、「胃潰瘍」というのと同じ単なる疾患／障害名にすぎないのです。

ある「事象」に対して、我々はどんな〝意味〟を「与えている」のか、そして、どこまでが「事象」であって、どこからが「与えられた意味」であるのかについて、特に心を扱う立場の人ならば、敏感になっていなくてはなりません。そして、その多くは「実体」のない単なる「与えられた意味」にすぎないのだということを知っていなくてはなりません。

「過敏性大腸」の〝意味〟

人は何事にも〝意味〟を与えざるをえません。〝意味〟

を与えずに生きていくことはできません。しかし、〝意味〟が単に「与えられた」ものにすぎず、したがって「いかようにも与えられる」のであるならば、臨床家の仕事は、患者さんの問題や症状に、より扱いやすい〝意味〟を与え直してあげることだともいえるでしょう。

私のところに、ある予備校生が相談に来ました。彼はもう一年にもわたって「過敏性大腸」に悩んでいました。そのために、現役時代の入試当日も、途中で保健室にかつぎ込まれてしまいました。浪人となり、予備校に通い始めたわけですが、症状はひどくなる一方です。毎日、午前中に五〜六回もトイレに駆け込み、その度に下痢をするのです。そのため授業に出ることさえ難しくなり、最近はずっと予備校の自習室で勉強をしていました。しかし、不思議と午後になると下痢は止まるのでした。夜、自宅で勉強していると、「また落ちるかもしれない」「こんな勉強法でいいのか」「やったことが身に付いていない」「また本番当日、下痢に襲われたらどうしよう」などと、次々と悲観的な考えが頭に浮かび始め、まったく勉強が手に付かなくなってしまうのでした。

彼は、高三の秋頃、内科を受診し、そこで「過敏性大腸」と診断され、投薬を受けていました。医者からは「受験のストレスからくるものです」と説明を受けており、彼もそう思っていました。

私は、初回面接で、彼の話を聞いてこう言いました。

「確かに、君が受験のストレスを受けていることは間違いない。だって受験生なんだもの。しかし、その受験のストレスと君の下痢や腹痛が本当に直接関係しているんだろか？　君は一日中、受験のストレスを受けているんだよ。でも君の症状は午前中にしか起こらない。そしてもし、それが直接に関係しているんだとすれば、最も受験に対して不安を感じている夜の時間、このときに君の下痢や腹痛が起こらないと嘘じゃないかい？　でも、夜は起こらない。これって、おかしくない？

私はね、こう思うんだ。君の下痢は実に規則正しく毎日起こっている。一回目の下痢は、朝食を食べ始めて十分後に起こる。二回目は、自転車で予備校に向かっている途中。以後、ほぼ一時間おきに君は毎日下痢に襲われている。そして昼食時以降は起こらなくなる。

おそらくね、私は、君の脳がそういうふうに、プログラミングされているんじゃないかと思うんだ。

朝食を食べ始めて十分たつと、脳の視床下部、脳下垂体、自律神経系を通って『トイレ、トイレ、下痢、下痢』という命令が大腸に下される。自転車に乗って予備校が見え始めと、『トイレ、トイレ、下痢、下痢』という命令が脳から出てくる。それ以後、一時間おきに『トイレ、トイレ、下痢、下痢』という命令が出る。そんなふうに脳がプログラミングされているんじゃないだろうか。

だとすれば、我々の仕事は簡単だ。そのプログラムを混乱させてやればいいわけだ。

たとえばこういうふうにしてごらん。朝十五分早く起きる。そして歯を磨いたり、着替えたりしたあと、朝食を食べる前にトイレに入る。そして五分間、トイレの中できばっていなさい。トイレに行きたくとも行きたくなくとも、必ず朝食の前にトイレに行って、最低五分間は頑張って、出し尽くしてしまいなさい。これで君の脳のプログラムが混乱してくれたらめっけもんだね」

彼は喜んで帰って行きました。そして翌日から、彼のトイレに駆け込む回数は一～二回となり、午前中の授業にも出られるようになりました。一年続いた「過敏性大腸」は、こんな簡単なことで治ってしまったのです。そして彼の受験生活もめでたく終わりました。

「過敏性大腸は受験ストレスのためである」という意味付けは、もしかしたら（もしかしなくとも）正しかったのかもしれません。しかし、たとえこの意味付けが正しいものであったとしても、これは我々にとって、あまり都合の良い意味付けではありません。

なぜなら、もしそうだとすると、彼は受験が終わるまで「過敏性大腸」であり続けなければならないことになるからです。しかし同時に、「過敏性大腸」である限り、彼は受験を終えることなど到底できそうもないわけで、これでは立派な堂々巡りです。こんな面倒なことにまともにぶつかっていくのは、とても得策だとは思えません。だから、私はその〝意味〟を変えたいと思いました。

症状を脳のプログラミングのせいにして、だからそれを狂わせてしまいましょう、と提案したのです。私は医学用語も使ってもっともらしくしゃべってはいますが、内心は、こんな説明など信じているわけではないのです。ほとんど、口から出任せと言ってもいいくらいです。しかし、彼はこの意味付けをおそらく受け入れてくれるだろう、とは思っていました。そして、実際彼は、喜んでこの意味付けを受け入れてくれました。なぜ、私はこういうふうに説明したのか。それは、彼が情報工学志望の予備校生だったからです。

都合のよい〝意味〟を与える

彼の症状に、私が与えた以外の〝意味〟を与えることも、もちろん可能です。そしてそれでも、もちろん彼は治ったでしょう。ただし治るためには、その「与えられる意味」は二つの要件を満たしている必要があります。それさえ満たしていれば、どんな〝意味〟が与えられてもいいでしょう。

一つは、それが彼にとって受け入れられるような内容であり、かつ受け入れられるように語られること。とにかく、その〝意味〟を受け入れてもらえなければ、お話になりません。

こちらの信じていることと、相手の信じていることが違う場合がよくあります。こちらが信じていることは、ある種「迫力」を持っていますから、それが相手にも伝わり、相手もそのうち信じてくれるようになるときもありますが、こういう真剣勝負は、お互い結構エネルギーを使います。楽をしようとするならば、最初から相手が信じている路線にのっかって話を進めていくことです。

二つ目は、その〝意味〟が、解決の方向を指し示しているようなものであること。

単に〝意味〟だけが与えられても、だからどうすればいいのかわからなければ、なんの治療的意味もありません。「君の脳がそういうふうにプログラミングされている」と言って、それで終わってしまったり、「だから治らない」という話になってしまったのでは、何をしているんだかわかりません。だから、このケースの場合、私の頭の中にはまず、「朝食の前にトイレに行く」という作戦が先にあったわけです。それで、そこに話を持っていくために、「脳のプログラミング」という話をでっちあげているわけです。解決の方向に〝意味〟を与えるのであって、〝意味〟が与えられても、解決に必ず向かうわけではないのです。逆に「問題を作り出す」あるいは「問題を大きくする」ような〝意味〟の与え方もできるわけですから。

石まわし

私の尊敬する東豊《ひがしゆたか》先生の症例を簡単に紹介しましょう。詳しいことは、『セラピスト入門』(日本評論社)という本をお読みください。

三十歳代の男性。強い外出恐怖があり、出勤もできずに家に閉じ込もっている。治療には拒否的で、医師やカウンセラーともすぐ喧嘩になり、何ケ所かの医療機関を転々としている。父親も医者嫌いで理解なく、「ただ怠けているだけだ」と本人を受け付けない。

あるセッションの中で、テレビのオカルト特番の話になる。男性が「そんなことってあるんでしょうか。そういえば、私の症状も家の改築工事で鬼門をふさぐようなことをしたときから始まっているんです。『へい』を作ってしまったときから始まっているんです。……実は、父もそれを気にしているのです」と語るのを聞いて、東先生の眉毛がピクッと動いた。

「ときどきあるんですよ……タタリは」

それから、タタリによってもたらされた様々な症例の話が、次々と東先生の口から語られた。さながら夏の夜の怪談話のようである。男性は生ツバを飲んだ。

「あのぅ……おはらいかなにかできるでしょうか」

「ひとつだけ方法があります。しかし、お父さんの協力も必要なんですが……無理でしょうねェ」

「大丈夫です」

付き添っていた母親も強くうなずいた。

そこでようやく、次のような内容の指示が出された。

<親子三人で墓参りに行き、河原で三つの石(父親・母親・本人の石)を拾ってきて、毎晩、仏前に三人が向かい合い、一石一分、三分間の石まわしをすること>

家族は言われたとおり、毎晩この奇妙な指示を遂行した。父親が本人の病気のために協力するなどということは、初めてのことであった。家族の関係は大きく変わり、そして本人の治療意欲も増し、しだいに症状は軽減し始め、会社に復帰できるまでになった。

「石まわしを始めてから、なにかしら徐々にふっきれていくものと、内からわいてくるパワーを感じることができました」

何が「正しい」かというよりも、何が受け入れられ、そして、何が解決への糸口となるかが大事なのです。

8 問題の「外在化」

せっかく高尚な、こむずかしい話で始まった前回も、結局は東先生の登場で、とんだオチャラケに終わってしまいました。

うちの家内も、あの「石まわし」の話にはバカ受けしまして、

「ギャハハハハ、詐欺師じゃん、東って(コレコレ、呼び捨てにするんじゃない)。これ、石一個、百万円で売りつけてたら、本物の詐欺だよ」

って、たいそう喜んでいただきました。

「詐欺師」という称号は、我々(誰や、我々って)にとって最高に名誉な称号で、私もいつかこの称号をいただけるよう、日々精進を積み重ねておるわけです(もちろん石一個、百万円で売ったりはしまへんよ。そのくらい最低のモラルはあるつもりです。アッ! 東先生の名誉のために言っておきますが、もちろん東先生も、石売りつけたりしてませんよ)。

〝問題〟から〝解決〟へ

さて、人々は溢れんばかりの〝意味〟の世界に、毎日生きています。そして、患者さんや悩んでいる人は〝問題〟という意味の世界に多く生きているわけです。それは、ブリーフセラピー(短期療法)流に言い直すと、「問題の中に生きている自分という〝物語〟を構成している」ということになります。

とすると、「治る」とか「解決する」ということは、問題だらけの〝自分物語〟が、「普通の」あるいは「正常な」「健康な」「楽な」といった解決に向かう〝自分物語〟に

取って替わられる、ということを意味するのかもしれません。もっと平易な言葉でいうと、「〜できない自分物語」から「〜できる自分物語」への転換ということです。治療者は、おそらくその部分に、ちょっとだけお手伝いするわけです。

ところが往々にして専門家というやつは、〝問題物語〟を補強する役割ばっかり担うわけです。こっちは頼んでもいないのに、〈あ、これは問題！　ここにも問題！　こっちにも問題見っけ！　もしかしたら、この辺にも問題が潜んでいるかもしれない！　ちょっと掘り返したろ……ほらほら、やっぱり出てきた！　これが根本的問題カァ!?〉などと、問題探しに躍起になっていて、それはまるで、人が見つけられない問題をいくつ見つけることができたかが、その専門家の価値を決定するかのようにです。

そして次は、〈何がもとで、この問題が発生してきたか？〉を追求し始めるわけです。こうして「問題物語」は、その「事の起こり」から「事の終わり」（それは現在の不幸な状態か、より不幸な未来の状態）まで緻密に〝構成〟されていくわけです。ここには「明るい未来」なんてひとつもない。

これは、ある意味で、医学・心理学の持つ限界なのです。医学のオリエンテーションというのは、まずは病変部位を童貞（こら、チャウって言うてんのに！）……同定し、その原因をつきとめ、それを「除く」というモデルに則っているからです。そして臨床心理学も、多くはこのモデルを採用しているからです。でもここからは、「解決物語」のシナリオは、なかなか描けないのです。

よくは知らないのですが、教育学は別のオリエンテーションを持っているんじゃないですか？　それはおそらく「その子の中に潜む可能性や能力を発見し、それをはぐくみ育てる」といったオリエンテーションじゃないんですか？　ならば、「解決物語」のシナリオは、我々なんかより教育者の方々のほうが、よほど楽に作れるはずですよねぇ？……スイマセン！　ちょっと皮肉きつすぎました。私も、教員の先生方から「それはそうなんだけど、実際は、生徒の〝問題〟にばっかり目がいってるんですよ」という声を、よく耳にしてます。

「問題志向」から「解決志向」への転換、これはかなり根本的なものの見方の転換でして、大げさに言えば、「コペルニクス的転回」あるいは「パラダイムの転換」といってもいいくらいだと考えています。

普段こういうことをしゃべっている私も、いざ臨床の場面になると、どうしても〝問題〟のほうに目がいってしまい、一所懸命頭の中で「そっちに目をやるな、そっちに目をやるな」と呪文のように繰り返しながら、自分をセーブしている毎日です。

ブリーフセラピーの発想は、「問題を構成する」のではなく、まさにこの「解決を構成する」ということから出発しており、そしてこのオリエンテーションにセラピストが立てば、実際に多くの〝問題〟は、かなり短期間に〝解決〟へと向かっていくのです。

外在化

一口にブリーフセラピーといっても、そこにはいくつかのモデルがあり、用いられる技法はもちろんのこと、発想や前提もそれらの間では微妙に異なっています。なかには、先ほど申しました〝問題〟から〝解決〟への転換を極端に押し進め、面接室の中では、まったくといってよいほど〝問題〟のことには触れず、〝解決〟のことのみが話し合われるといったアプローチも存在します。

これはこれで、大変有力なアプローチなのですが、いきなりここでその話をし始めると、なかにはついて来れない読者の方もいらっしゃるかもしれませんので、〝完全問題志向〟と〝完全解決志向〟の中間あたりのアプローチから、まずはご紹介しましょう。

それは、「問題の外在化」と呼ばれる技法です。〝問題〟に一応目を向けるのですが、〝問題〟を本人の中から外へと取り出してしまうことによって、本人とは別個の〝問題〟を作り出してしまうという手法です。

たとえばそれをどうやってやるかというと、〝問題〟や〝症状〟に、あるニックネームをつけてしまうのです。

いいですか、間違っちゃいけませんよ。本人にニックネームつけちゃいけませんよ。そんなことしたら、場合によっては、えらい人権問題になりますからね。問題や症状にニックネームをつけるんですヨ！

問題や症状にニックネームをつけることによって、そこに、本人とは別の人格を与えてしまうのです。そうすることによって、問題や症状を本人から引き離してしまうわけです。悪いのは本人ではなく、〝そいつ〟なのです。だから〝そいつ〟をどうやってみんなでやっつけるかを相談するわけです。あるいは〝そいつ〟は、思ったほど〝悪い〟やつではなく、結構〝いいやつ〟かもしれない、などというふうに話をもっていく場合もあります。

たとえば、先月号で紹介した「過敏性大腸」のケースですが、前回申し上げたこと以外に、実は私はこの「外在化」の技法も併せて使っていたのです。彼に、「彼」と「ゲリリン」の便所での毎日の楽しい逢瀬から、「ゲリリン」に新しい「男」ができ、ついに二人の間に決定的な破局が訪れるという、悲しくもはかない「ゲリリンとの失恋物語」という話を語って聞かせたのです。彼は大笑いして聞いていました。

ずるがしこいプー

この「外在化」という技法は、オーストラリアの家族療法家、マイケル・ホワイトのある症例に端を発しています（詳しくは、『物語としての家族』小森康永訳、金剛出版、を参照のこと）。

それは六歳の男の子の遺糞症のケースでした。この子は、何年にもわたって下着の中に糞を残し、下着だけでなく、糞を壁にこすりつけたり、箪笥や引出しの中に入れたり、食卓の裏にこすりつけたり、流しの排水口の中に詰め込んだり、一緒に風呂に入ったり、丸めてボールにして遊んだりしていました。いくつかの治療機関に通いましたが、まったく問題は解決しませんでした。

この問題行動は、「ずるがしこいプー」と名づけられていました。「プー」のために、本人にとって、家族にとって、その他の周囲の人々にとって、あるいはそれぞれの人間関係にとって、どんなにひどいことが起こっているのか。それらが詳細に報告されました。そして、「プー」に対抗するために、家族がどんな作戦を取り、比較的うまくいったときのそれはどんなものであったか、その作戦遂行にまつわるリスクと利益は何か、次なる作戦としてどんなものが考えられるか、その作戦を実行した場合どうなりそうか、などといったことが、こと細かに検討されたのです。

その結果、第二回の面接では、本人と家族が見事に「プー」をやりこめたことが報告され、第三回では、将来「プー」が再び反撃してきたとき、どんな対抗処置をとるかの作戦計画が練られました。何年も続いた遺糞症は、こうした努力によって、わずか五週間、三回の面接で終結したのです。

アトピー治療への応用

ちょっと前、NHKを見ていたら、「アトピー性皮膚炎治療の最前線」といった特集番組をやっていて、これが結構面白く、勉強にもなりました。番組の中で、様々な最先端の治療法が紹介されていた(どうでもええけど、外国では、様々な職種の人たちが、ちゃんと「治療チーム」を組んで治療にあたっているのに、なんで日本では、それがなかなかできんのかなぁ……)のですが、その中で、心理面からの援助の方法のひとつとして、この「外在化」が紹介されていたのに、ちょっとびっくりしました。ブリーフセラピーも結構広まっているんだなぁ、と思って。といっても、「外在化」という言葉は番組の中では、ひとつも流れませんでしたけど。

それはドイツでの話です。アトピーを持つ子どもたちが、高原のヘルス・センターみたいな所で、二週間ほどの合宿生活をするわけです。そこで、皮膚科的治療や食物を含む様々なアレルギー治療と並行して、グループでカウンセリングを受けるのですが、そこで何をしているかというと、先生がテルテル坊主の大きいやつみたいな人形を棒に釣り下げて、それに「かゆみお化け」とかいう名前をつけて、子どもたちはその「かゆみお化け」を蹴ったり叩いたりして遊んでいるわけです。子どもたちの描く絵にも、この「かゆみお化け」が登場するわけですが、最初は大きく不気味だった「かゆみお化け」が、最後のほうになると、やっつけられて退散していく絵に変わっていくわけです。

このとき、番組のナレーションで、次のような内容の解説が流されました。

「ストレスとアトピーの症状の間には関連がある。アトピーの子どもたちは、『掻くからいけない』などと、日常生活の細々としたことで、いつも周りから叱られて過ごしており、そのことが子どもたちの中に過度の緊張や不安を生み出している。叱られる中で、子どもたちはいつのまにか『自分がいけないのだ』と感じるようになっている。しかし、問題なのは『アトピー』であり、決して『子どもたち自身』ではない。『かゆみお化け』は、アトピーを子どもたちから引き離してくれる。そのことだけでも、多くのストレスは緩和される。そして同時に、このことはアトピーに対して闘う姿勢を、子どもたちの中に育てる。その闘いに成功する中から、子どもたちは失っていた自信と明るさを回復するのである」

「外在化」という言葉こそ使われていませんが、これはまさに「外在化」以外の何物でもありません。

どこにも問題はない

ここで重要なことは、「外在化」によって、子どもから症状が引き離されているだけでなく、症状が、家族を含めた周囲の人からも引き離されている点なのです。

「掻いちゃ駄目！」などと言う親の態度がいけない、と言ってしまったのでは、〝問題〟を子どもから親に移しかえただけのことです。つまり「子どもがいけない」から「親がいけない」にかわっただけのことです。そういうふうにしてしまったら、今度は親が多大なストレスを受けることになるでしょう。そして親のストレスは、当然、子どもにも跳ね返ってくるでしょう。

「外在化」では、あくまで悪いのは「かゆみお化け」であって、その「かゆみお化け」に対して、本人・家族・周囲の人が一致協力して対抗するという図式になるのです。必要なのは協力者であって、〝問題の人物〟でも〝問題となる人間関係〟でもないのです。ここが、「問題志向」と「解決志向」の決定的な違いです。

下手に個人療法を学んだ人は、個人の中に〝問題〟を見つけようとするでしょう。下手に関係論的治療法を学んだ人は、関係の中に〝問題〟を見つけようとするでしょう。下手に家族療法を学んだ人は、家族の中に〝問題〟を見つけようとするでしょう。

どれでやっても、それはたくさんの〝問題〟は見つかるでしょう。〝問題〟なんて、見つけようと思えばいくらでも見つかるからです。しかし、我々が手に入れたいものは、たくさんの〝問題〟ではなく、〝解決への道〟なのです。

9 外在化 AGAIN

もう少し、先月号でお話しした「外在化」の話を続けましょう。〝問題〟や〝症状〟に、できればかわいいニックネームをつけて、〝そいつ〟を退治する方法や、〝そいつ〟と仲良しになる方法を、みんなで一緒に考えて、それを実行することを、「外在化」と呼ぶわけです。

「外在化」などというと、とても難しいことをしているようですが、すでにお気づきのように、これは「イタイのイタイの、飛んでけーっ！」とまったくおんなじ理屈です。別にマイケル・ホワイトが〝発見〟したやり方でもなんでもなく、生活の知恵として、いにしえから受け継がれてきたお馴染みの方法です。もし、臨床心理学というものが、こういう昔からの素敵な方法を、対人援助サービスの方法論の中から駆逐してしまったのだとすれば、これはおそろしく罪深いことです。

再び、東先生登場！「なまけ虫」

この「外在化」技法の醍醐味を味わっていただくために、再び東先生に登場してもらいましょうね。

ヒューヒュー！

ある不登校の事例です。ちょっと著作権のことが気になりますが、面接の雰囲気を感じていただくために、たっぷりと、なるべくそのまま引用させてもらいます（より詳しくは、現代のエスプリ別冊『親子の心理とウェルネス』至文堂、一九九四年の百五四〜百六五頁に収録されている「不登校の家族療法」をお読みください）。

中学二年生の太郎君、約一年前から不登校。腹痛・下痢のために学校に行けない（その他の理由は確認されず）。本人は年齢よりもずいぶん幼い印象で、無口。ただし、愛想のよい笑顔を浮かべる子。母親はやつれ気味。父親は今まで太郎君のことで病院に来たことはないが、要請に応じ、今回来院。「どうしようもない」と嘆く。

冗談をかましながら、場の雰囲気が和んだところで、東先生、本題に入る。

「短期間に登校できる方法があるんですけど、やってみます？」

三人、身を乗り出す。

「でもね、ひとつ条件があるんです」

三人、身をこわばらせる。

「それはね、子どもがこうした状態になると、親の子育ての失敗とか、親子や夫婦関係の問題とか、子どもの性格上の問題とか、みんなすぐにそんなことを気にしはるんですけど、これが一番困るんです。こうしたことは、実はこの問題とはなんの関係もないんです。だから皆さんが、もし少しでもそんなことを考えてはるんやったら、そんな馬鹿馬鹿しいことはさっさと忘れてください。これが条件です」

三人、驚く。

「関係ないんですか？」

「ありません！　太郎君。いい子やないですか。こんな愛想のええ顔をしてくれて。ご両親も心配して、こうしてちゃんと相談に来てくれてはるやないですか。まったく普通です。そんなもん、粗探し始めたら、どんな家庭でも、そら何か出てくるでしょ。全然普通です」

父親、身を乗り出す。

「そうですよね。ほんとに、そう思います」

「今の条件、守っていただけますか？」

三人、大きくうなずく。

「ありがとうございます。では本題に入りましょう。そこで、太郎君にちょっと聞きたいんやけど……、あのね、本心、学校行きたいんでしょ？」

「うん」

「でもね、長い間学校休んでると、正直、ちょっと面倒臭いとも思わない？」

「うん」（ニッコリ）

「本当は学校行きたいのに、面倒臭い気持ちもちょっとある。不思議やねぇ」

「うん」

「なんでかというと、それはね、実は君に……〝なまけ虫〟が取りついてしもたんや……」

「え!?」

「ほらほら、見えるやろ。ほらそこに、白〜いポワーンとしたもんが浮かんどるやろ。これや、これや。ほら〝なまけ虫〟が浮かんどる。ほら!」

三人、大笑い。

「こいつがいったん取りつくと、人の中でどんどん増えていくんや。わかるか？　君はひとつも悪くない。悪いのはみんなこの〝なまけ虫〟なんや」

「うん」

「こいつを、君とご両親と僕とで協力して、やっつけたらなあかん。心配せんでもええ。とてもええ方法がある。やってみるか」

「うん」

こうして場を盛り上げておいて、そこで授けられた方法とは次のことでした。
(1)　お昼のうちに、母親と太郎の二人で、等身大の人型を作る。中央に円を描き、〝なまけ虫〟と書き込む。夜は、父親の帰宅後、人型の周りに皆が正座して、太郎、父親、母親の順番に、「なまけ虫、出ていけーっ!」と大声で怒鳴り、中央の円を叩く。それを三周。そのあとで、人型を庭に持って行って、皆で燃やす。翌日、また人型を作り、同様に繰り返す。
(2)　〝なまけ虫〟がどのくらい弱ってきたかを測定するために、一週間単位で行動目標を作り、結果を記録する。
(3)　なまけ虫が太郎を負かした日は、なまけ虫が喜ぶようなエサをやらないようにする。
この課題は、太郎君の姉も加わり、実行された。その後の二週間、太郎君は生き生きとして、新しい目標（校門まで行く、等）に取り組んだ。結果良好であった。が、三週目に入り、〝なまけ虫〟が突如反撃を開始し出し、目標はほとんど達成されなくなってしまった。

そこで父親に再度来院してもらい、対策が講じられた。話し合いの結果、父親が〝なまけ虫〟退治の〝隊長〟に指名されることとなった。父親はきっぱりと宣言した。「私が〝なまけ虫〟と対決します」。三日後、再び〝なまけ虫〟の反撃があった。父親は約束どおり決戦を挑む。大騒動となったが、太郎は泣く泣く登校。しかしその後、ウソのように快調に登校可能となり、身体症状も自然と消えていった。それから約一年。〃なまけ虫〃は生き返ってくる様子はない。

母親は後日こう語った。

「〃なまけ虫〃退散後、太郎は不登校前よりはるかにしっかりしてきました。（何が良かったんでしょう？）。それは、みんなが太郎自身を怠け者と見なくなったことに尽きます。その結果、親と太郎との間のもめごとが激減しましたし、なにより、太郎自身がやる気を出して〃なまけ虫〃退治に頑張ってくれたんです」

人型の儀式は、登校が開始されても、しばらくは続けられたそうである。

「外在化」は、技法というより態度である

東ワールドを堪能していただけたでしょうか。ここには「外在化」のエッセンスがすべて盛り込まれていますから、私から付け加えることは何もありません。

「外在化」を行う場合、いつも東先生のような派手なパフォーマンスをしなければならないのか。そんなことは決してありません。

たとえば、うつ状態の患者さんが来たとします。

「気分がとても落ち込んでいるんです」

「ほーっ、どんなことを考えてしまうんですか？」

「自分は何をやっても駄目だなあって。失敗ばかりしていて、周りにすごく迷惑をかけています。自分なんか、この世からいなくなったほうがいいんです。そしたら、みんなほっとすると思いますよ」

「そんな考えが浮かんでくるんですね。たとえば、どんなときにその考えが強くあなたを襲うんですか？」

「いつもそんなことばかり考えています。一日中、暗い気分なんです」

「なるほど。一日中、そうした暗い気分に、あなたは支配されているんですね。うつの気分ですね」

「そうです」

「でも、特に強くそのうつがあなたを襲ってくる時があるでしょう？　頭にその考えが特に強く侵入してくるというか……それは、たとえばどんなときですか？」

「うつの考えが特に強く頭に入ってくるときといえば、そうですね、たとえば会社で仕事をしているときですね

……」

こうした何気ないやりとりの中に、「外在化」がちゃんと含まれていることにお気づきだと思います。傍点を打ってある部分がそうですね。ここでは治療者によって、「あなたがうつである」から「あなたにうつが侵入してくる」へと、徐々に話の構造が転換されていって、そして、患者さん自身もいつのまにか、その構造に則って話を始めていることがわかります。これが「外在化」です。できれば、このあと、そのうつにかわいいニックネームがつけられればさらにいいでしょう。

そして、話は〝そいつ〟とこれからどう付き合っていくのか、あるいはどう別れるのかという方向に進んでいくでしょう。

私は、統合失調症（あるいは時に躁うつ病）の患者さんと話をするとき、多くの初回面接の中で、脳神経細胞やシナプス、そして神経伝達物質の話をよくします（若い患者さんならなおさら）。

「神経伝達物質の流れがこんなふうになると、こんなふうな感じが起こるんだけど、これって君の頭の中の感じ（たとえば〝頭の中の忙しさ〟）と似てない？」という言い方をすると、ほとんどの患者さんは「そのとおりなんです」と話に乗ってきます。

そして、「だから神経伝達物質の流れがもっとひどくこんなふうにならないように、君が君の脳を守ってやんなくちゃいけないんだよ。そのためにはね、たとえば……」というふうに話していくと、非常に素直に薬を飲んでくれたり、あるいは日常生活の送り方を気をつけてくれるようになります。「君が統合失調症だ」ではなく、「君が君の悩を守る」なのです。

要は、〝本人〟と〝問題〟をきちんと分けるということです。それを、往々にして専門家も他の人たちと同じように、〝本人〟と〝問題〟を一緒くたにしてしまうから、事態がどんどん深みにはまっていくのです。

そうしないのが「外在化」であり、これはひとつの技法というよりも、どんな治療にも必要なひとつの態度のことを言うんだ、と私は思っています。

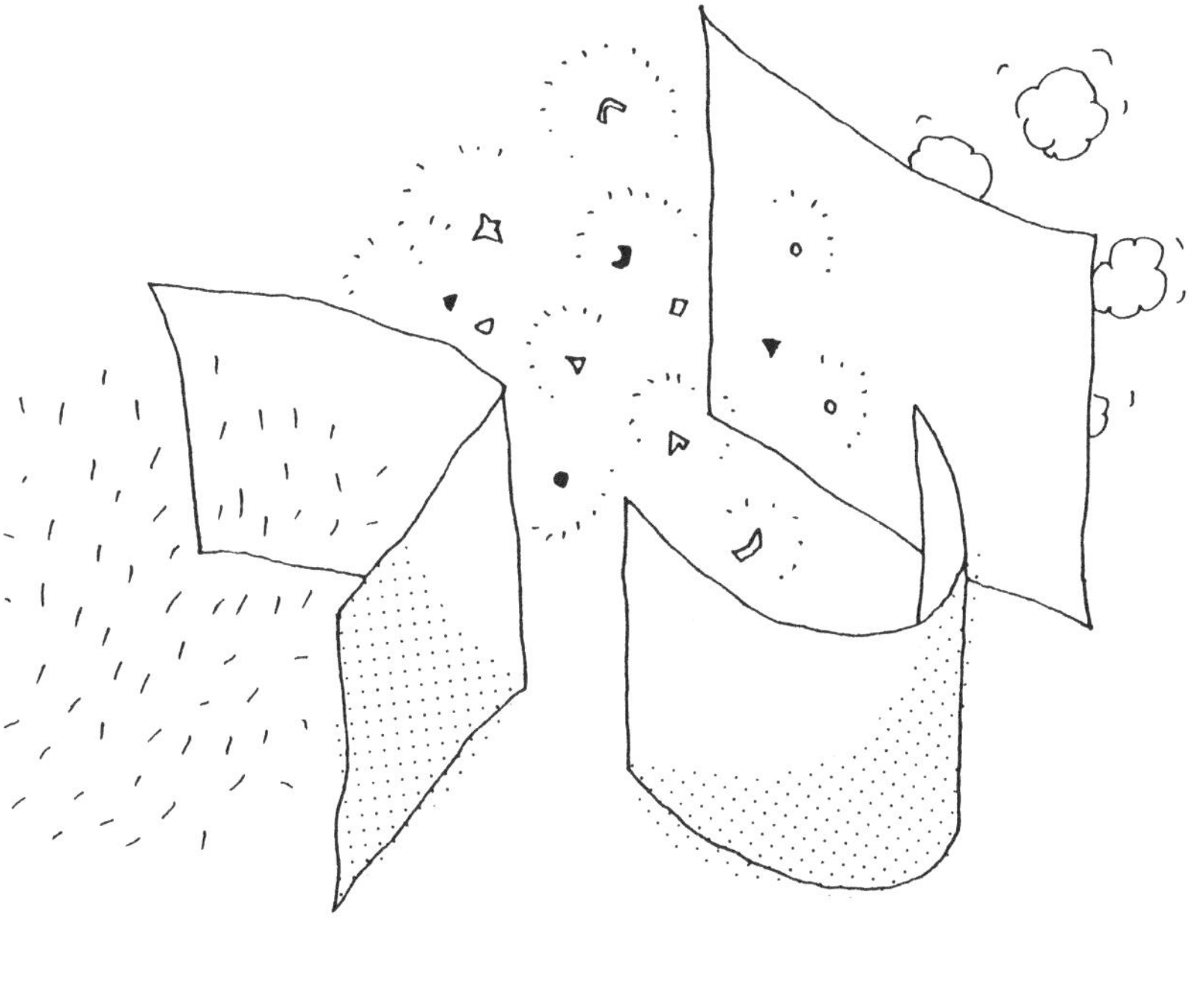

10 奇跡のプレゼント

津々と雪降るある夜……シャンシャンシャンシャン、シャンシャンシャンシャン……かすかな鈴の音がサラサラという雪音に混じって聞こえてきます。しばらくすると、一人の男がそっとあなたの枕元に近づき、そしてこう呟くのです。

“Suppose that one night, while you were asleep, there was a miracle and this problem was solved. How would you know? What would be different? How will your family know without your saying a word to them about it?” (Steve de Shazer, 1988)

「ある晩、あなたが眠りについている間に……奇跡が起こり……そして、あなたの問題が解決してしまったとします。さて、眠っている間に奇跡が起こったことを、あなたはどのようにして知るのでしょう？　何が違っているのでしょう？　何も知らないあなたのご家族は、そのことをどのようにして知るのでしょう？」

私は今まで、この連載の中で、「問題や症状の原因やわけを知ることと、解決の方法を知ることは、まったく違う次元のことである」ということを、くどいぐらいに申し上げてきました。このくらい、くどく申し上げてもまだ、このことを皆さまに充分理解していただけたのかどうか、大変不安に思っています。

そこで、だめ押しに、もうひとつ症例を紹介しましょう。ドゥ・シェーザーの書いた“Clues : Investigating Solutions in Brief Therapy” (Norton) からの引用です。

「四十歳のあるご婦人が、歯ぎしりの問題で、歯科医から紹介されて来ました。毎晩まったく例外なく、彼女はぎりぎりと歯をこすりあわせ、そのために頭痛がし、顎が痛み、彼女の歯は、異常にすり減ってしまっていました。その他の生活上のことは、基本的に〝正常〟だと思われました。仕事のこと、子どものこと、夫のこと、それは少しは不満もありましたが、特に問題になるようなことは何も見あたりませんでした。

セラピストは、このご婦人に、ちょっとした実験をしてみないか、と話を持ちかけました。夫と寝る位置を交換してみて、その結果どんなことが起こるか、詳しく観察してみてください、とセラピストは言ったのです。

婦人はわけもわからずびっくりしましたが、この実験に取り組むことを約束しました。

二週間後、婦人は報告にやって来ました。彼女にも夫にも、この実験が何なのか見当もつかなかったのですが、とにかくベッドの位置を交換してみたのです。最初の晩、ちょっと寝苦しかったものの、歯ぎしりは起こりませんでした。そして二週間の間、一度も歯ぎしりは起こらなかったのです。」

ドゥ・シェーザーはさらに続けます

「いったいここで何が起こっているのでしょうか？　ベッドの位置を交換することと、歯ぎしりの治療は、何の関係があるのでしょうか？　あるいは、ベッドの位置を交換することと、歯をこすりあわせないことの間に、何か関係があるのでしょうか？　これは治療というよりマジックなのでしょうか？　科学というより錬金術なのでしょうか？　セラピストがこうした提案をし、婦人がそれに従い、そして、歯ぎしりを止めたという中で起こっていることは、何なのでしょうか？

この話はわけがわかりません。というのも、人々は、問題の性質が解決に必要なものを決定する、という仮定の中で長く暮らしてきたからです。問題を解決する第一歩は、問題を理解することだと信じてきたからです。この仮定は論理的であるように思えますし、実際、論理以前のこと、すなわち、もののあり方がそうなっている、のようにも思えます。この考え方の中では、解決と問題の性質の間には、論理的関連性がなくてはいけないわけです。しかし、このケースの場合、歯をこすりあわせることと寝る位置の関連性は、良く言って〝希薄〟、悪く言うと〝不合理〟〝奇怪〟であると思われます。

……（中略）……

しかし、ここで何が起こっているのか？　ベッドの位置を実験的に交換してみるというのは、ブリーフセラピー（短期療法）の世界では、語り継がれてきた伝統のようなものであり、ここで行われていることも、それに基づいているのです。ブリーフセラピストの間では、反復的な悪夢・不眠・いびき・夜尿・性交渉の回数の問題などを解決する方法として、実験的に寝る位置を交換してみる、という話はよく出てくる話です。そして、ブリーフセラピストにとっては、これらが関連していることは当たり前のことなのです。なぜなら、ベッドや寝る位置は、この種の問題が起こる流れ（コンテクスト）の一部であるからです。」

みんな知っている

私は、この本を最近読んだばかりで、だからこの症例の話も知ったばかりなのですが、眠ることにまつわる問題について、私も以前から「こんなふうに寝てごらん」と、相談に来られた方に助言していたことがあったことをいま思い出しました。

この本を読む以前に、なぜ私は、それが時に有効であるということを知っていたのか？

単純なことです。私自身、寝方を変えることによってよく眠れたりすることがあったからです。自分の経験から知っていたのです。私は今でも、なぜそれがよいのかは知りません。しかし、自分でやってみた結果も、助言してみた結果も、概ね良好ですので、私はまた同じようにするでしょうし、また同じような助言を人にするかもしれません（皆さんも、よろしければどうぞ）。

ただ、問題と解決を論理的につなげようとする発想でいる限り、こうした解決の方法は決して思いつかないだろう、ということだけは間違いありません。私たちはみな、誰に教えられることもなく、解決の方法などすでにたくさん知っているのです。しかし、もしかしたら、「理屈に合わない」「教科書に載っていない」などといった理由で、その多くを捨ててしまっているのかもしれません。

「外在化」は「イタイのイタイの、飛んでけーっ！」だと申しました。みんなそれが有効なことを知っています。でも、これは理屈に合いません。心理学の教科書にも載っていません（でした）。

心理学の教科書は多く、原因—結果（問題）—解決を直線上に並べるという考え方を基礎にしていますから、この考え方のどこを突っついても「イタイのイタイの、飛んでけーっ！」は出てきません。でも、我々はみな経験上、「イタイのイタイの、飛んでけーっ！」が有効なことは知っているのです！ 経験のほうが偉いんです！ 教科書がなんぼのもんじゃい！

解決の方法を見つけ出すコツ

我々現場の人間にとって、何より手に入れたいものは、解決へ向かう道です。もちろんすべての問題が解決できるような魔法の鍵などないのでしょうが、それでもその鍵の在処を、より確率よく探しあてられるようになるためのコツはあるでしょう。

その一つ。これは今までずーっと言ってきたこと。「問題」を見るのではなく、「解決」の方向に目を向けること。くどいから、もうこれ以上申しません（でも、これが本当に難しい。どうしても「問題」ばかりに目がいってしまう）。

その二つ。「解決」に目を向けるといっても、いったい何が「解決」なのか？ 要するに、「どうなればいいのか？」をはっきりさせること。一言で言うと、「ゴール・セッティング」です。

これって、もんのスゴク当たり前のことなんですが、これが一番大事で、かつ難しいところ(これができれば、ほぼ治療は終わったも同然と言ってもよいくらいに）であるし、また意外に見落とされているところでもあるし、結構考えなくちゃいけないいろいろな問題を含んでいるし、要するに奥が深いんです。

考えなくちゃいけないいろいろな問題の中のひとつに、「いったい誰がゴールを設定するのか？」という問題があります。

話せば長くなる問題です。だから簡単に済ませちゃいますが、その答えは「本人が設定する」です。当たり前っちゃあ、当たり前の答えなんですけど。実際は、治療者を含めた周りの人が設定していたりすることが多いわけです。多すぎると言ってもよいでしょう。また、どうしても治療者が決めたくなるのも事実です。

この厄介な問題を避けることは簡単です。

クライエントに「どうなればいいの?」って聞けばいいんです。ところがどっこい、こういうふうに聞くカウンセラーや心理療法家って、意外と少ないんです! 極端な話、ブリーフセラピスト以外は聞かない、と言ってもいいでしょう。これをひっくり返して言うと、こういうふうに聞けば、その人はブリーフセラピストである、ということになります。簡単でしょ? ブリーフセラピストになるのって……。

じゃあ、他の人はなんて聞いているか? 多くのカウンセラーや心理療法家は、「問題は何ですか?」って聞くんです。そこから延々と問題の話が続いて、そして、次に問題の分析が始まりますから、いつまで経っても「どうなればいいの?」っていう話にならないんです。だから、なかなかゴールが設定されないんです。あるいはカウンセラーや心理療法家の心の中で、勝手にゴールが設定されてしまうんです。

何カ所かの相談室を経由して、たとえば私の所に回ってきたクライエントに、私が軽い調子で、「で、どうなればいいの?」って聞くと、一様に皆、一瞬驚いた顔をします。そういうことからわかります。今までのカウンセラーは聞かなかったんだなって。

ただこれは、今まで尋ねられたことのない質問をされたから、というだけでなく、実はクライエント自身、今までそのことをあまり考えたことがなく、だから、尋ねられて答えを探してみても、自分の中に答えが見つからない、という事実に驚いている部分もあるのです。

このように、クライエントはずっと問題のことばかりを考えており、解決のことは意外と考えていない、あるいは考えられないものなのです。逆に言えば、解決のことがわかっているのなら、私の所などに来なくとも、問題はとっくに解決しているはずです。

したがって、「どうなればいいの?」という質問は、単にゴールを設定することに留まらず、この質問自体が解決を生み出すこともあるのです。それを考えてもらうだけで、充分治療的なのです。

ミラクル・クエスチョン

「どうなればいいの？」という質問にクライエントが答えられたとしても、それが「これこれの問題／症状がなくなればいい」と否定形で語られたり、「もっと積極的になりたい」と抽象的な言葉で語られたりすることが多いものです。これらは、ゴールとしてあまりふさわしいとは言えません。なぜなら、これではよくわからないし、具体的でないからです。

「積極的である」とはいったいどういうことなのか？どのようになることが積極的になった、すなわち（本人にとって）ゴールに到達したことの証しとなるのか？テープがどこにあるのかわからないようなゴールでは、選手はいつまでも走り続けていなければなりません。

「問題／症状がなくなること」は、一見具体的なようにも見えますが、「〜でない状態」というのは、何も状態を特定してはいないのです。これは何が「ある」状態のことを言っているのでしょうか？　問題や症状がなくなった時に、「何が起こるのか」「何をしたいのか」ということをブリーフセラピストなら知りたいと思うでしょう。これがゴールです。

この質問は、クライエントにとって、とてつもなく難しい質問でしょう。多くの人は問題解決に忙しく、解決した後のことなど考えたこともないものです。

さて、このような作業をクライエントの方々にしていただくために、ブリーフセラピーは、ひとつの素敵な質問をご用意しています。それが、冒頭に書きましたサンタの言葉です。もう一度、ご紹介しましょう。

「ある晩、あなたが眠りについている間に……奇跡が起こり……そして、あなたの問題が解決してしまったとします。さて、眠っている間に奇跡が起こったことを、あなたはどのようにして知るのでしょう？　何が違っているのでしょう？　何も知らないあなたのご家族は、そのことをどのようにして知るのでしょう？」

はじめまして、わたくしは「ミラクル・クエスチョン」と申します。次回、詳しくご説明申し上げます。皆さまも、どうぞ良い夢をご覧ください。メリー・クリスマス!!

11 解決の方法はクライエントが知っている

あけましておめでとうございます。今年もどうぞよろしく。と言っても、この連載も残すところあと二回。ようやくゴールが見えかけてきました。レースも最後の心臓破りの坂にさしかかっており、ここが頑張りどころですが、なんとか乗りきって、そして、皆さんと一緒に肩を並べてゴールテープを切れれば最高に嬉しいですね。

「ある晩、あなたが眠りについている間に……奇跡が起こり……そして、あなたの問題が解決してしまったとします。さて、眠っている間に奇跡が起こったことを、あなたはどのようにして知るのでしょう？　何が違っているのでしょう？　何も知らないあなたのご家族は、そのことをどのようにして知るのでしょう？」

皆さんの周りで、何か最近ちょっとした奇跡は起こりましたでしょうか？　ちょっとした奇跡というのは、「ちょっとした」ことなんですから、その気になって探してみると、意外と見つかったりするものなんですよ。おっと、話がちょっと先走りしてしまいました（この話はまた後ほど……）。冒頭のミラクル・クエスチョンに戻って、少し解説を加えましょう。この質問には、様々な意味（意図）が含まれています。

ひとつは、この質問によって流れの向きを設定する、方向性を示す、ということです。

どこへの方向なのか？　もちろん「解決」への方向、あるいは「未来の時間」への方向です。

前回も申しましたが、クライエントはほとんど問題のことばかりに目がいっています。注意がそちらにばかり向いてしまっているのです。たとえば、お腹の調子が悪い人は、お腹にばかり注意が向いてしまっていて、微妙な違和感をそこに見つけると、それをすぐに悪いほうに悪いほうに考えてしまい、そして本当にお腹の調子がどんどん悪くなったりするものです。あるいは、クライエントは過去に目がいきがちです。子どもの問題を抱えるお母さん方は、しばしば「私の子育ての仕方が間違っていたのでしょうか」と我々に尋ねてきます。間違っていたことがわかったら（あるいは、間違っていなかったことがわかったら）、今の問題は解決するのでしょうか？

それを、治療のあるべき方向、すなわち「解決」や「未来の時間」への方向に流れを設定するための質問、それがミラクル・クエスチョンです。

そして、ブリーフセラピーの中では、このミラクル・クエスチョンは、（きっと驚かれると思いますが）初回面接のごく初期の時間帯（面接が始まって二十分くらい経った頃、クライエントが自分の相談内容をだいたい語り終わったら、すぐ）に行われるのです。

なぜこんなに早くこの質問をするのかというと、ミラクル・クエスチョンは最後の切札の質問というよりも、今申し上げたように、流れの方向性を打ち出すための質問だからです。クライエントが「解決」や「未来」の方向に歩き出せるように、そして、治療者がちゃんとその方向に向かえるように（「問題」や「過去」に目を向ける傾向は、クライエントより治療者のほうが強く持っている）、自らをきちんと律するために、早めにこの質問をするのです。

「問題」を「解決」の側から見る

ミラクル・クエスチョンは、「問題」を明らかにするためにも使われます（使えます）。クライエントの中には、自分でもいったい何を相談したいのか、何が「問題」なのか、はっきりしていない人もいます。この場合に、ミラクル・クエスチョンなどをしてみて、すなわち「解決した（治った）ときというのはどういう状態なのか」を聞くことによって、「問題」が逆に明確になってくることがあります。

「問題」というのは、「問題」だけを考えていてもわからないことなのです。「問題」の状況と「問題でない」状況、あるいは「解決された」状況の二つを並べてみて、初めて「問題」が見えてくるのです。

「日本」にずっと居たのでは「日本」は決して見えてきません。外国を見て（「日本」から離れて）、初めて「日本」が見えてくるのです。「四角」があって「三角」がわかるのです。違った複数のものがあり、その差異をみることによって、初めてそれぞれのことがわかるようになるのです。

そして、「問題」と「解決」を並べて検討する方法は、「問題」がわかるだけでなく、「解決」のことが同時にわかるわけですから、まさに一石二鳥の方法です。

なぜ、従来のカウンセリングや心理療法の中で「解決」のことがあまり話し合われてこなかったのでしょう？

いろいろ理由はあると思いますが、ひとつには、従来は「問題」に対するもう一方の極を、治療者の側が勝手に作っていたからです。「こうあるべき」というものを治療者が持っていて、それと照らし合わせて「あなた（たち）のここが問題」としていたからです。

ブリーフセラピーでは、ほとんどそういうことをしません。「問題」も「解決」も、クライエントの中から出してきてもらうのです。それらの比較検討作業も、クライエントの中で行ってもらうのです。そして、解決の方法も、クライエントの中にあるのです。治療者はただそれを引き出すだけなのです。（私は、ブリーフセラピーこそ、真の意味で「クライエント・センタード」だと思っています。実際、ロジャーズ自身が晩年、同様の趣旨のことをある国際会議の場で発言しています）。

良いゴールの条件

ミラクル・クエスチョンをする目的のひとつは、もちろん、ゴールを設定することです。今申し上げたように、解決したときの様子を語ってもらい、もしそれと現在の様子との差異が確認できたとすると、それがひとつのゴールとなるでしょう。

良いゴールにはそれなりの条件がありますので、もう一度ここで整理しておきましょう。

① クライエントにとって、明確であり、重要なことであること。

当たり前すぎて、解説の要なし。でも、一言だけ。「クライエントにとって」という部分を読み飛ばしてはいけない。

② 大きなことでなく、小さな目標であること。

当たり前のようだが、これが意外と難しい。クライエントも援助者も、とかく大きなこと（「根本的な」とか）を求めたがる。とにかく、できないことを目標にしない。できることが目標。またそれで充分。

③ 否定形ではなく、肯定形で記述されること。

「〜ではない」ではなく、「〜である」という形で記述されているほうがよい。あるいは、「〜がなくなる（消える）」ではなく、「〜が始まる（起こる）」のほうがよい。「気分が落ち込まなくなる」より「楽しいことを考えるようになる」のほうがよい。

④ 具体的で、行動の形（「〜をする」）で記述できること。

「もっとしっかりしたい」などというのは抽象的すぎる。「しっかりした」人間とは、（クライエントにとって）どんな行動をとる人のことを言うのかを明確にすること。ゴールが抽象的だと、自分がいつゴールに到達したのか、（クライエントが）判断できなくなる。

ミラクル・クエスチョンというのは、これらの条件を備えたゴール（解決像）を引き出すのに有効な質問なのです。ただ、これらの条件はあくまで援助者の側の努力目標であって、こうした良いゴールが設定できなかった（初回面接で）としても、別に落ち込む必要はありません。こういうことが頭に入ってさえいれば、面接が進むにつれてそういうものは自然とできてきますし、あるいはその前になんだか知らないけれど、クライエントのほうで勝手に治ってくれたりするものです。不思議なことですが、そうなんです。

解決の方法はクライエントが知っている

さて、「解決の方法を見つけ出すコツ〜その三」は、「解決の方法を知りたければ、クライエントに聞け」です。本当にわかりやすいでしょう?

その聞き方ですが、クライエントがだいたい問題を語り終わったら、「その問題が起こらなかったときはありましたか？」とか「うまくいったときはありましたか？」と聞くか、あるいは、ミラクル・クエスチョンなどをして解決像を明確にした後に、「今おっしゃったことの中で、もうすでに時々起こっていることは何かありませんか？」と聞くか、まあどちらでもいいですし、他の方法でも聞けます。

クライエントは、なにか二十四時間ずっと「自分は問題の中にいる」と思っているようですが、実際はそんなことはないのであって、良いときも悪いときも混じっているわけです。

不登校だって、一日も学校に行ったことのない不登校児なんて、逆に見つけるのが難しい（少なくとも「不登校」になる前は行っていた）くらいなもので、実際は学校に行っている日があるわけです。

要するに、うまくやっている、解決している瞬間は、どんなクライエントにもあるわけで、それを聞くのです。

「へぇ、〇月×日は学校に行ったの⁉　すごいねぇ。いったいどんなふうにして行ったの？」とかね。

そこで「こんなふうにして行った」などということが何か出てきたとしたら、もうこれはめっけもんで、あとは治療者はただただ「すごいすごい」と喜んでいれば、勝手に治ってくれます。

先日、ある研修会で、養護教諭の先生がこんな報告をされていました。

「あるてんかんの子が、身体のあちらこちらが痛いと言っては、保健室にやってくるのです。その日も、足が痛い、お腹が痛いなどと訴えて来ました。困った私は、そのときふと、ブリーフセラピーの研修で習った『例外』のことを思い出して、『痛くないところはどこ？』と聞いてみたのです。そうしたら『頭は痛くない』『手も痛くない』などと、自分からいろいろ見つけ出して、そのうち『私、大丈夫、もう授業に出れる』とさっさと教室に戻って行ってしまったのです。なんだか私のほうがあっけにとられてしまったのですが、でも、ああこういうものなんだなと思いました」

ええ、そういうものなんです。

解決の方法は、クライエントが知っているのです。あるいは、自分のことなんですから、自分が治る方法のことは自分しか知らないのです。

「例外」探し

ただ、多くの場合、クライエントは、自分が解決の方法を知っているということを知らないのです。今の例でも、先生が「痛くないところはどこ？」と聞いて初めて、クライエントは、自分の身体の中に痛くないところがあるのだ、ということを知ったのです。そんなものなんです。

クライエントは「問題」のことしか考えていない、「問題」しか見ていないものなんです。「解決」がそこにあっても、全然目に入っていないんです。

だからちょっと治療者が「ここを見てごらん」と、「解決」の方向に視線の向きを変えてあげる。これこそが心理療法であるわけです。そうすれば、あとはクライエントが勝手にやってくれる（ところが、多くの心理療法家は、学校に行かなかった日のことは詳しく聞くかもしれませんが、学校に行った日のことはほとんど聞きません）。

ブリーフセラピーの源流を形作った故ミルトン・H・エリクソン医博はこう言いました。

「その人が持っていないものを与えることが心理療法ではない。また、その人の歪んでいる部分を矯正することが心理療法ではない。その人が持っているにもかかわらず、持っていないと思っているものを引き出してあげること、これが心理療法なのです」

ブリーフセラピーで言う「例外」とは、次のように定義されています。

「問題が起きていない時、いつもなら問題が起こるはずなのに起こらなかった時やその状況」

あるいは、

「すでに起こっている解決の一部、あるいは例外的に存在している解決の状態」

治療者は、クライエントとともに、この「例外探し」の旅に出るのです。そして、クライエントの日常の中に「例外」がたくさん出現し、もはやそれが「例外」でなくなってしまったとき、これを「治った」と言うのでしょう。

「宝物」はすでに埋められてそこにあるのです。我々の仕事は、ただそれを「探す」ことだけなのです。

12 質問にお答えして

「問題行動・症状の〝意味〟を考える？

……え、えーっ!? めちゃめちゃ大きなテーマでんがな（でんがな!?）。そんなん困るわあ。

だいたいワタシ、臨床する時に問題や症状の〝意味〟なんて考えてやってるんやろか？ 考えてるような気もするし、考えてないような気もする。時には、敢えて〝意味〟など考えないようにしている節すらある。だからといって、別に不自由は感じてない。そのほうが逆にうまくいく場合すらある。重要なテーマであるような気もするし、どうでもいいことのようにも思われる……。

アカン！ 十二回の連載は、のっけから大ピンチである」

……こんなふうにして始まったこの連載は、インディー・ジョーンズさながら、毎回ピンチの連続でした。なんとかここまでたどりつけたのは、ひとえに編集長をはじめとする皆さま方の支えがあってこそ。本当に心からお礼申し上げます。ありがとうございました。

この連載では、前半から中盤まで、タイトルどおりに「問題行動や症状の〝意味〟」について考えました。問題行動や症状を「コミュニケーション」ととらえたり、問題行動や症状の「成立機制」を考えたり、「機能」を考えたりしました。

しかし、そこでの結論は、「問題行動や症状の〝意味〟はいろいろである」でした。あるいは「問題行動や症状の〝意味〟は、言い方／見方によって何とでも言える」でした。なぜなら「こころ」は複雑だからです。あるいはケースひとつひとつによって、全部違うからです。そして「こころ」は見えないからです。

そこから、この連載は、タイトルから少しずつ離れ出しました。もし今述べた結論が本当だとしたら、「問題」の〝意味〟を議論することは、とりわけ個別援助の実践上、不毛のことのように思われるからです。そこでこの連載の後半部分では、よりダイレクトに「解決」の方法を探るブリーフセラピーの技法や考え方の一部をご紹介したわけです。

この連載が進む中で、編集長から何度か大変ありがたいお言葉をいただきました。

「解決の方法を探るためには、まず問題の〝理解〟から始めなければならないという思いで、この連載をお願いしたのですが、この前提自体が今、私の中で大きく揺れています。そして現実に、〝理解〟のための〝理解〟になってしまっていることの多さを痛感しています」

これだけ揺れていただければ、この連載を書いた意味もあったというものです。本当にそれこそが私の本望であり、したがって、思い残すことはもう何もありません。

編集長からの質問

先日、編集長にお酒を馳走していただいたとき（あの夜、酔っぱらって神田川に思いきりゲロしてしまいました。ちゃんと帰れましたのでご安心を）、いくつかブリーフセラピーに関するご質問をいただきました。あの時なにを口走ったかよく覚えておりませんので、ここで再度、ちょっと真面目にお答えしたいと思います。

【Q】 今までのカウンセリングでは、生育歴など過去から現在に至る情報を充分に集めて、そこから問題を理解しようとするわけですが、ブリーフセラピーの方法は、それとは少し違うようですね？

【A】 はい。ブリーフセラピーでは、その場でのクライエントとのやりとり（コミュニケーション・パターン）自体を重要な情報とみなします。それ以外の情報は、特に必要とはしません。それは、原因―結果という直線的因果律でものを考えないからです。また、集められた情報には多くの場合、様々なバイアスがかかっているため、それをそのまま事実として鵜呑みにできないからでもあります。

だいたい、過去から現在までの情報を漏れなく揃えようなどとし始めたらキリがないですし、また集めすぎると逆にわけがわからなくなります。情報は必要なものだけでいいでしょう。

必要な情報とは、「解決」や「変化」に使えそうな情報のことです。そして、思うほど過去のことに情報的な価値はないものです（過去のことはあまり使えません。だって、それは「過去のこと」なんですから）。

クライエントの話を聞いているとき、治療者は、頭の中で「これは使えるか？」、あるいは「これをどう使うか？」という言葉を何度も繰り返しながら聞いており、同時に情報の取捨選択を行っているのです。

いずれにせよ、我々がクラエントの話を聞いたり情報を集めたりするのは、「問題」を構成するためではなく、「解決」を構成するためだということを忘れてはなりません。

【Q】　ということは、ブリーフセラピーは、瞬時に問題のポイントをとらえる力というか、人のこころを見抜く力に秀でていないと、できないのではないですか？

【A】　観察力というのはとても大事です。そして、確かに観察というのは瞬時に行われるものです。ミルトン・H・エリクソンの観察力は、それは凄かったらしくて、ほとんど神話化されています。でも、エリクソンは、先天的に知覚や認知に障害を持った人だった（色盲、失音調症、失読症）わけで、能力という意味で言えば、逆に健常者よりも劣っていたと言ってもいいかもしれません。観察力というのは、先天的な才能というよりも、訓練や経験によって培われるものではないでしょうか？

学校の先生方は、経験という点で充分なものを持っていらっしゃるわけです。生徒を毎日ご覧になっていて、「なにか様子がおかしいなぁ」と感じたとき、その感覚をどうぞ大切になさってください。それは、なにかとても大事なことが今「観察」された、ということの証拠なのですから。

しかし、その場合も、決して「こころ」を見たわけではないのです。なにか「見えるもの」を見て、そう感じられたわけです。

一言忠告しますが、決して「見えないもの」が見えるようになる訓練を積まないでください。「見えるもの」を見落とさない訓練が大事だと思うのです。

そして、人の相談を受けるときは、何度も繰り返しますが、「問題」のポイントを見つけようとするのではなく、その人が持っている「リソース（力）」を見つけようとして、話を聞いてください。同じものを前にしても、それを「問題」として見た場合と「リソース（力）」として見た場合は、結果が全然違ってくるということを、皆さんもきっと体験していらっしゃることと思います。

【Q】こころの問題には当然、性格が絡んでくると思いますが、性格というのはなかなか変わりませんよね？

【A】ブリーフセラピーの中に、「性格」という言葉はほとんど出てきません。

確かに「性格」という言葉は、普通、固定的なニュアンスをもって使われます。しかしブリーフセラピーでは、人間をもっと移ろいやすい存在ととらえます。

元来、人間のみならず、「自然」というものは「変化」を基本として成り立っているわけです。時間というのは、一時たりとも停止しません。そして、時間とともにすべてのものは「変化」します。「変化」することが「自然」であって、変化しないほうが不自然です。変化しないように見える場合、それは単に変化しないように見えるだけか、あるいは変化を阻害するなにかが存在しているかのどちらかでしょう。

そして、「性格」という言葉自体が、「変化」を見えなくさせたり、阻害要因のひとつになってしまっている可能性があります（「私は変わらない」と言っている間は、確かに変わらないでしょう）。だからブリーフセラピストは、この言葉をほとんど使わないのです。

「性格」とか、あるいは「成長」という言葉もそうですが、通常それは、何かをある一点に収束させていくイメージがあります。たとえば「自分の性格はこれこれだ」と言うときには、自分の性格をなにかに特定しているわけです。また、「自分のことがわかった」と言うときは、「これが自分なんだ」という「これ」を見つけたことを言う場合が多いわけです。

でも考えてみると、一人の人間にもいろいろな面があるわけです。明るいときもあるし、暗いときもある。人と一緒に過ごしたいときもあれば、一人で居たいときもある。悲観的な部分もあるし、楽観的な部分もある。こだわりが強い部分もあれば、無頓着な部分もある、などなど。人間なんてどの軸を取り出しても、必ず両面性を持っているわけです。またそうでなくちゃ生きていけません。

たとえば、もし仮に楽観的だけの人がいたとしましょう。そんな人はとうてい生きてはいけません。だってそんな人は、交差点に入っても「大丈夫、大丈夫」ってどんどん歩いて行っちゃいますから、すぐ車にひかれて死んじゃいます。「もしかしたら車が来るかもしれない」と悲観的になるからこそ、右見て左見てするわけです。だから今まで生きてこれたわけです。いくらその人が楽観的に見えたとしても、必ず悲観的な部分を持っているわけです。生きていること自体がそれを証明しています。

人には常に両面があり、多面的であるにもかかわらず、どこかその一部分だけを取り上げて「自分はこういう性格だ」とか「あの人はこういう性格だ」と言って、それを「変わらない」ものにすることに、いったいなんの意味があるのでしょう。

また「自分のことがわかるようになる」というのは、自分のことを何かひとつのことに固定化させてしまうようなことを言うのでしょうか？　私はそうじゃないと思います。「自分にはこんな面もあったのか！」と、未知の自分をどんどん発見していく過程のことを「自分のことがわかる」と言うのだと思うのです。

【Q】　なるほど。「成長」という言葉も、ブリーフセラピーではもっと開かれた言葉なんですね？

【A】　はい。だから「成長」という言葉もあまり使いません。「成長」と言うと、どうしてもある特定の方向を指し示すニュアンスが強くなってしまいますから。

「成長」という言葉は安易に使われるべき言葉ではないと思います。何が「成長」なのか？　人の「成長」に専門家がかかわるということは、どういうことなのか？　今、これらの点をもう一度問い直してみてもよい時期にきているのではないでしょうか？

エリクソンは、彼がまだ高校生だったときのあるエピソードを紹介して、こう語っています。

「裸馬が僕の前を駆け抜け、農家の庭先に入りこんで暴れていました。僕はその馬に飛び乗って、手綱をとり、道のほうまで誘導して行きました。そうしたら馬は、ある方向に走り出しました。僕は馬がどこへ行くのかは知りません。時に、道をはずれて畑に入りこもうとするので、そのときは手綱を引いて道に戻しました。四マイルほど行った所で、ようやく馬はある農家の庭に入って行きました。そこの農夫がびっくりして、『坊や、どうしてここの家だってわかったんだい』と聞きました。僕は答えました。『僕は知りません。馬が知っていたんです』……私は、これが心理療法のやり方だと思うのです」

専門家として何をすべきであり、何をしてはいけないのか、とても示唆深い話だと思います。

この他にも、いろいろなご質問をいただいたと記憶しております（?）が、もう紙数も尽きて参りました。この辺でお開きとさせていただきます。

この二、三年、教育関係の先生方とお話しできる機会が飛躍的に増えてきまして、大変に嬉しく感じ、そしてたくさんのことを勉強させていただいております。昨今、スクールカウンセラーのことが多く議論されておりますが、なんといっても、生徒たちを支えているのは現場の先生方です。よりいっそうのご活躍をお祈り申し上げております。

おわりに

いかがでしたか？　簡単に読めましたでしょ？　なかには、本当に一時間で読み終えられた方もいらっしゃるでしょう（だから六八〇円でも高いって？　まあそれは、出版社のほうに言ってください）。

でも、もしお気に召しましたならば、もう一度（一度とは言わず何度でも）お読み返しいただければ幸いです。ふざけた文体で書かれていますから、どうしても思わず猛スピードで読み飛ばしてしまうでしょうが、私としては、どこの部分にも、心理療法やカウンセリングを考える上ですごく大事なこと（そして結構哲学的なこと）を盛り込んだつもりなんです。

もちろんここに書いてあることは森の考えであって、異論があるのは当然のことです。でも、この辺りのことをきちんと考えておくことが、臨床に携わる上では不可欠なことだと思います。だから、読みながらいろんなところで、どうぞどんどん引っかかってください。ここはよくわからないとか、ここは違うんじゃないかとか、ここはとんでもないとか。そうしていただければ、私としては本望です。どこにも引っかからずに、ただ面白いなぁで読み終えてしまわれるよりも（まあ、別にそれでもいいですけど。つまんないよりは）……。

こういう大事なことを、もう一度私に考えさせ、そしてそれをきちんと（あんまりきちんとしてないけど）文章にして表す機会をお与えくださり、しかもその際、表現上のすべての自由を私にお与えくださった佐藤編集長には、心より感謝申し上げます。そして、文面中いろいろダシに使わせていただいたこと、心よりお詫び申し上げます。また、この連載のブックレット化にご尽力いただき、編集作業を一手に引き受けてくださいました小林さんにも、厚く御礼申し上げます。

聞くところによりますと、これを機会に「ほんの森ブックレット」の製作を開始されるとのこと。ご発展をお祈りしております。私の四年目の連載「コンサルテーションの話」も、よろしくね！

二〇〇一年一月

森　俊夫

<執筆者紹介>

森　俊夫（もり　としお）

1998年　東京大学大学院医学系研究科第Ⅰ種博士課程（保健学専攻・精神保健学）修了。保健学博士。

同年より東京大学医学部助教（精神保健学教室）。臨床心理士。

2015年　逝去

<主な著書>

『ブリーフセラピー入門』（宮田敬一編、分担執筆）金剛出版、1994年

『ミルトン・エリクソン入門』（共訳）金剛出版、1995年

『先生のための やさしいブリーフセラピー』ほんの森出版、2000年

『ミルトン・エリクソン 子どもと家族を語る』（訳）金剛出版、2001年

『<森・黒沢のワークショップで学ぶ>解決志向ブリーフセラピー』（共著）ほんの森出版、2002年

『やさしい精神医学1 LD・広汎性発達障害・ADHD編』2006年、『やさしい精神医学2 薬物依存・統合失調症・うつ病・不安障害編』2010年、ほんの森出版

『ブリーフセラピーの極意』ほんの森出版、2015年

森俊夫ブリーフセラピー文庫『心理療法の本質を語る』（共著）2015年、『効果的な心理面接のために』（共著）2017年、『セラピストになるには』（共著）2018年、遠見書房

ほんの森ブックレット

〝問題行動の意味〟にこだわるより〝解決志向〟で行こう

2001年3月20日　初　版　発行
2025年5月20日　第11版　発行

著　者　森　　俊夫
発行者　小林　敏史
発行所　ほんの森出版株式会社
〒145-0062 東京都大田区北千束 3-16-11
☎03-5754-3346　FAX 03-5918-8146
https://www.honnomori.co.jp

印刷・製本所　研友社印刷株式会社

ISBN978-4-938874-20-9　C3011